中公新書 2183

栩木伸明著

アイルランド紀行

ジョイスからU2まで

中央公論新社刊

はしがき

戌年《いぬどし》に生まれたせいか散歩が大好きである。慣れ親しんだ巡回路から見知らぬ路地へさ迷いこむのを好む。ところが戌年のくせに方向音痴だから、角を二回も曲がれば、もうどちらへ向かっているかわからなくなる。迷いやすさと、はずれっぷりの大胆さに、われながら驚いてしまう。地図は、見るのは好きだが、読むのは苦手である。手の上で大きな紙をぐるぐる回しているうちに酔ってしまう気がするので、一度道に迷ったら、わかるところへ出るまで歩き続けるか、道行くひとに尋ねる以外に、迷路を脱する方法はない。ちょっとした散歩のつもりが、はからずも長大な道草の連続になってしまうことがひんぱんにある。

この本では、アイルランド各地で道草を食ったみやげ話をご披露してみたい。ぼくは日頃《ひごろ》、アイルランドの文学や文化について調べたり読んだりしているのだが、書物とのつきあいも結局道草だらけになってしまうので、あちこちほっつき歩いた体験と、読み散らかしたウンチクを詰め合わせにしてみたらどうだろう、と考えたのだ。

たとえばダブリン。この町にしばらく滞在して、体が町になじんでくると、市内各所にセンサーが埋め込まれているのではないかと思うようになる。交差点で信号待ちをしたり、フェンス沿いに舗道を歩いたり、橋から川を見下ろしたりした瞬間に、頭の中でさまざまなテクストの朗読が勝手にはじまるからだ。あるいはその反対に、ダブリンをめぐる書物を読んでいると、テクストの各所に隠しスイッチが仕込まれているのではないかと疑う瞬間がくる。自分の体は東京にあるのに、ある一節《パッセージ》にさしかかるとスイッチがオンになって、テクストに描かれた場所のざわめきや空気が一挙に押し寄せてくるのだ。

この現象はダブリンに限ったことではない。田舎町のパブに入ったり、牧草地に広がる修道院の廃墟《はいきょ》や大西洋を見下ろす崖《がけ》の上にたたずんだり、ヒースの茂った荒れ野がはてしなく続く泥炭地をドライブしたりするときにも、詩や小説や芝居や歌の文句が聞こえてくる。アイルランドの田舎には殺風景な場所が多いけれど、この島には人跡未踏の自然はほとんどない。手つかずに見える大自然の隅々にも、太古から住みこなしてきた人間の痕跡《こんせき》が刻印されている。

考古学に頼らずとも、証拠のひとつは地名にある。津々浦々の一木一草まで名付け漏らさずにはおくまいと決めたかのような、古くて小さな無数の地名が各地で伝承され、その一部は地図や地誌の上に活字化されている。「猪森《いのししもり》」「ブリギーンの農場」「塀」「硬い地面の町」

「メアリーの召使いの息子の地所」……。試しに手元にあるアイルランド語の地名辞典から、Bの冒頭に入っている地名を並べてみるとこんな具合。どれもいわくありげな地名ばかりだ。

アイルランドでは地名が秘める起源や由来の物語がいつも重んじられてきた。それらを総称して、「ディンシャナハス」（地誌、土地をめぐる知識）という。地誌を物語る語り手は「ディンシャナヒー」と呼ばれる。大昔この島に職能階級としての〈詩人〉がいた時代には、かれらが地誌を後世に語り伝えた。文学者が詩や物語を文字で記すようになってからは、特定の場所に根ざしたひとびとの人生が書物の中に収められて、朽ちない生命を獲得した。収奪や戦乱や景気の変動を生き延びてきたモニュメントは石やレンガではなく、ことばでできているのだ。

ぼくも先人に倣《なら》い、自分の記憶と他人の記憶を寄せ集めて、新しいディンシャナハスのアンソロジーをこしらえてみたい。「新しい」というのは、新しいモニュメントも収録しますよ、という意味である。場所に生命を与えることばは、古いとは限らないからだ。わずか数年前につくられた歌や小説が、はやくもモニュメントらしい風格を帯びることだってある。新古にこだわらず、場所とことばをつないでいこう。

アイルランドは、ぼくたちが住む島国から見ると、ユーラシア大陸の反対側に位置する島である。島の全土をめぐるつもりだけれど、どこかにある究極の目的地をめざすわけではない。ダブリンがあるレンスター（東部）からはじめてコナハト（西部）、マンスター（南部）、アルスター（北部）を順々に漫遊してみたい。風物や歴史とともに、スウィフト、ワイルド、イェイツ、ジョイスからU2まで、それぞれに珍しい味わいのことばをつまみ食いする、気ままな散歩におつきあいいただけたらうれしく思う。

三〇の短い文章はそれぞれ独立しているので、気が向いたところから散歩をはじめていただきたい。ことばのモニュメントからの抜粋はすべて、ぼく自身が日本語への吹き替えを試みた。現場で食べればひときわうまい、〈一口サイズのブンガク〉を散りばめたポケットアンソロジーとしても使ってもらえるよう、写真と地図も入れて欲張った本にしたつもり。お口に合うといいのだけれど……。

目次

第二部　コナハト（西部）

第三部　マンスター（南部）、アルスター（北部）とベルファスト

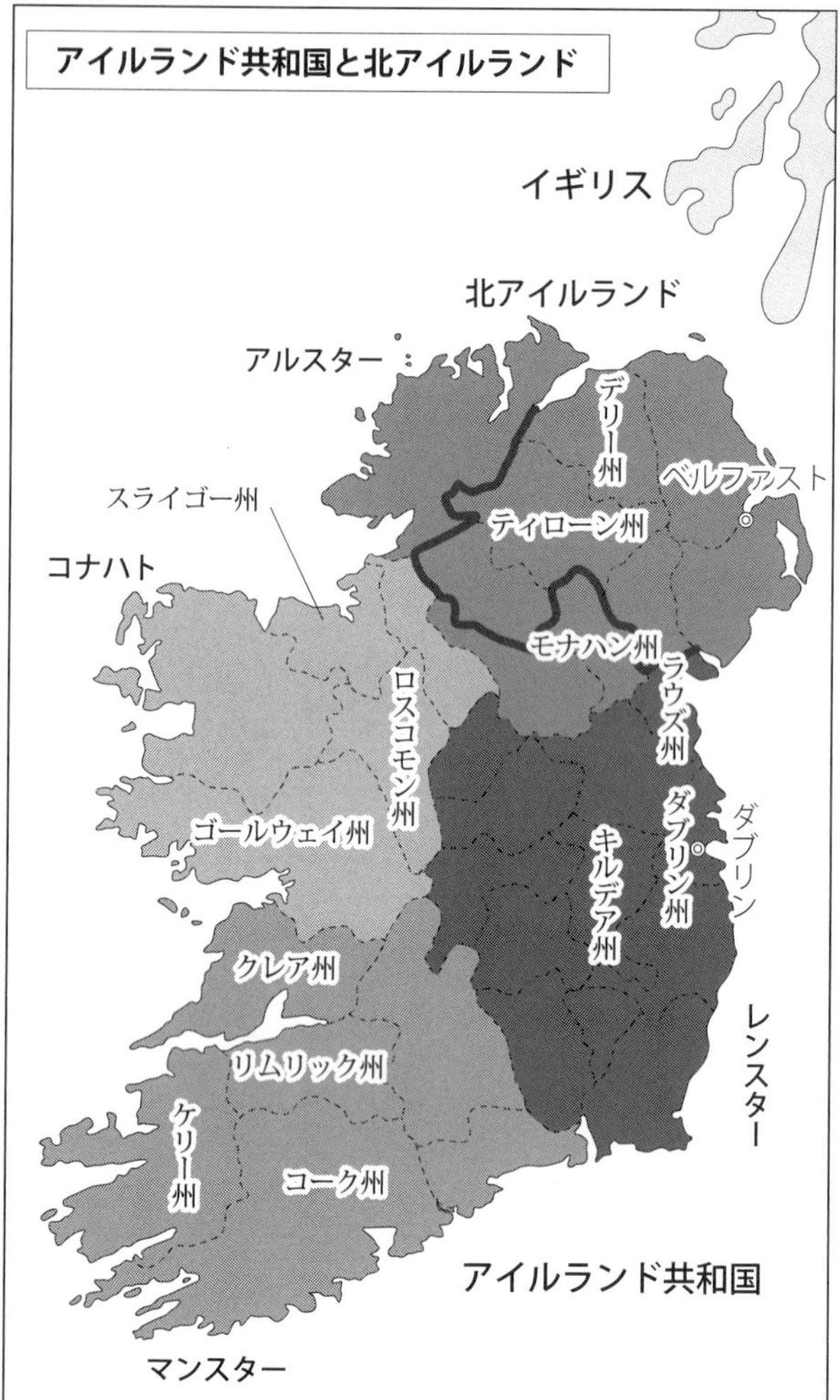

アイルランド共和国と北アイルランド

第一部　ダブリンとレンスター（東部）

上／ダブリンのアール通りにたたずむジョイス像
中／こぬか雨の夜の路地
下／ダブリンのグラスネヴィン墓地

ダブリンとレンスター
レンスター
サットン 12
ダブリン湾
ホウス岬 8
リフィー川
キルデア州
ヒュー・レイン
美術館 10
聖メアリー
仮大聖堂 5
リフィー川
ギネス
醸造会社 1
クライストチャーチ
大聖堂 3
タウンゼンド通り 9
ピアース通り
グラフトン通り
トリニティ・カレッジ
図書館旧館 2
DART 11
アッシャーズ・
アイランド 7
聖パトリック
大聖堂 4
8・13
メリオン
スクエア 6

1　薄汚れた町へ――ギネス醸造所、ダブリン

どういうわけか展望台が好きである。ヨーロッパの町を訪ねるとまず、広場に面した市庁舎の塔か教会の塔に上って、市内を俯瞰《ふかん》してから散策をはじめる。アメリカの都市なら高層ビルのてっぺんへ上ってみる。東京にも、自分と同い年の東京タワーをはじめとして展望デッキを持つビルが多いので、ときどき上る。そうしてなじみの通りや建物の位置を確かめたり、自分の家があるはずの方角に目をこらしたりして悦に入っている。

ところが、わが愛するダブリンには、街並みを俯瞰できる場所がきわめて少ない。ヴァイキングがこしらえた集落から数えれば建都千年を誇る古い都市ではあるものの、大聖堂の鐘楼は眺望がきくほど高くなく、一般公開もされていない。現代建築の市役所に塔はないし、抜きん出た高層ビルも電波塔もないから、展望台が見あたらない。ダブリンは今でこそアイルランド共和国の首都だけれど、新古を問わず高層建築を持たない街並みは、十九世紀のさえない地方都市の面影を今にとどめていると言うべきだろう。

じつは、ダブリン全域を一望できる展望スポットが市内に一箇所だけ存在する。中心街の西端にあるギネス醸造所のビジターセンターの最上階が、展望ラウンジになっているのだ。世界的に知られるギネスの黒ビールは、初代アーサー・ギネスがこの場所に〈セント・ジェイムジズ・ゲイト醸造所〉を開設して以来、ここでつくられ続けている。セント・ジェイムジズ・ゲイト（聖ヤコブの門）というのは、その昔この場所にあったダブリン市の西門のことである。中世には、スペイン西北端のサンティアゴ・デ・コンポステラにある聖ヤコブ《サンティアゴ》大聖堂をめざす巡礼団が、この門に集合して出発したと伝えられる。黒ビールの製造工場として世界最大の規模を誇る当地の醸造所は二〇〇九年、創業二五〇周年を祝った。

ビジターセンターは昔からあったが、現在の新しい施設は、発酵プラントとして使われていたレンガ造り八階建ての内部を丸ごとくりぬいて、巨大なギネスのパイントグラスをしこんだようなデザインになっている。地下一階から入場した観客は黒ビールの醸造法や歴史を解説した展示を眺めながら、徐々にグラスの上のほうへ上っていき、やがて最上階の展望ラウンジにたどりつく。三六〇度ガラス張りの円形展望室が泡の冠に見立てられているのだ。

ギネスの生ビールはデリケートな飲み物である。注ぎ方の上手下手とグラスの洗浄がゆきとどいているかどうかで味わいに差が出るので、わけ知りの常連が通うパブのバーマンほど、完璧《かんぺき》なパイントを出せるよう気を配っている。この展望ラウンジで供されるギネスはさすが

クライストチャーチ大聖堂の塔と新しい市庁舎

においしい。かすかな虹《にじ》色を放つおろしたてのグラスに、きめ細かな白い泡の冠をつけた真っ黒な液体があふれんばかりになっているのをバーカウンターで受け取り、ふかふかのソファーに体を埋めて、大ガラスの向こうに広がる町を見下ろしながら飲むのはこたえられない。とりわけ、ダブリン名物の小糠雨《こぬかあめ》が降る肌寒い午後など、この高みから町を見下ろしていると、王様にでもなったような気分が味わえる。誰でもなれるにわか王様が陣取る望楼が、お城でも教会でもなく、十八世紀に勃興《ぼっこう》した地場産業を引き継ぐ工場の一角にあるのは、長いこと隣国イングランド王の支配を受けたダブリンの町にいかにもふさわしい。

　ほろ酔い気分の耳にどこかから聞こえてくるのは、聞き慣れた歌の文句だ。

ガス工場の塀の脇《わき》であの娘《こ》と出会った
古い運河のほとりで夢を見た
工場の塀の脇でキスをした
ダーティー・オールド・タウン
ダーティー・オールド・タウン

…………

波止場のサイレンが聞こえた
汽車が夜に火を点《つ》けるのが見えた
煙たい風に春が匂《にお》った
ダーティー・オールド・タウン
ダーティー・オールド・タウン

（Ewan MacColl, "Dirty Old Town"）

この歌はそもそもスコットランド系のフォークシンガー、イワン・マッコールが生まれ故郷イングランドの工業都市サルフォードを念頭に置いて一九四九年に書いたのだが、薄汚れた町のたたずまいがダブリンにもどんぴしゃりだったので、ザ・ダブリナーズやザ・クランシー・ブラザーズやザ・ポーグズといったアイルランド系のバンドがとりあげて繰り返し歌ううちに、いつのまにかダブリンの下町のテーマソングみたいになってしまった。

頭の中で鳴る歌に耳を傾けていると、小糠雨にけぶる下界の路地が恋しくなってくる。工場のてっぺんにある〈庶民の王座〉からは町の全貌《ぜんぼう》が見渡せるものの、正直に言えば、ダブリンに目を見張るほどの建築はない。千年の都とはいえ、中世の街並みと城郭が見事に残るエディンバラや、十八世紀のジョージアン（新古典主義）様式の建築がごっそり現役として残るバースの町と較《くら》べたら、ダブリンの有形文化財など物の数ではない。中世の城壁はほとんど跡をとどめていないし、古い教会や修道院はおしなべて破壊された歴史を持ち、ジョージアン建築の邸宅が建ち並ぶ街区はあちこちに残っているものの、大半がスラム化した過去を背負っている。この町で見られる古いモノはたいてい、現実的にも比喩《ひゆ》的にも破損しているから、思いのほか歴史は見えにくいのだ。

ダブリンに本当に興味があるのなら、高みの見物としゃれこむ王様の目線を捨てて、〈ダーティー・オールド・タウン〉へ下りていかなければならない。町のエッセンスは壊れた細部に宿っているからである。壊れて輝くかけらに出くわしたら、ていねいに拾い上げて、元の形に復元してやるのがいい。あるいは、欠けた部分を器用仕事ででっちあげてやるのも悪くない。ダブリン歩きの醍醐味《だいごみ》は、目に見えたり見えなかったりするかけら拾いと修復のおもしろさにある。

2 『ケルズの書』——トリニティ・カレッジ図書館旧館、ダブリン、および、キルデア、キルデア州

ダブリン大学トリニティ・カレッジは一五九二年、イングランド女王エリザベス一世が植民地アイルランドに創立した大学である。十九世紀中頃にベルファストとダブリンに新しい大学ができるまで、アイルランド唯一の最高学府だった。たくさんのカレッジが並び立つオックスフォードやケンブリッジとは異なり、一大学一カレッジなので小規模な大学と思われるかもしれないけれど、そんなことはない。修道院の敷地を利用して開かれた大学には、十八世紀に白亜の校舎が続々と建設された。青い文字盤の時計がついた正面玄関や、パラディオ式の大きな窓が印象的な学長宿舎をはじめ、中庭正面に建つ鐘塔や礼拝堂など、新古典主義のジョージアン様式を見せる建物はどれも美しい。とりわけ大学図書館はオックスフォード、ケンブリッジ両校と同格で、イギリスで出版された書籍がすべて納められる納本図書館であるとともに、アイルランドで出版された本もすべて入ってくる。

一七一二年に着工され、二〇年後に完成した図書館旧館《オールド・ライブラリー》はダブリン観光の目玉のひとつで

ある。長さ六五メートルにおよぶ細長い巨大空間を吹き抜けにし、通常の建物なら二階分の高さは十分にある壁面を書架で埋め尽くした書庫兼閲覧室〈ロング・ルーム〉が圧巻だ。仕切りのない図書館空間としては世界最大と言われるこのホールの壁を覆う書架また書架には、今日でも約二万冊の古典籍が閲覧可能な状態で収納されている。あまたあるお宝本のなかで最も重要にして有名な装飾写本『ケルズの書』は、十九世紀以来このホールに展示されていたそうだが、現在は〈ロング・ルーム〉の階下にある特別展示室で一般公開されている。夏の観光シーズンにはしばしば入場のために長蛇の列ができるほどだ。

『ケルズの書』は、聖書に入っている四つの福音書のラテン語写本である。ふんだんに挿入された豪華きわまる全面装飾ページと、本文中にちりばめられた動植物や人物をモチーフにした小装飾の数々で知られている。九世紀初頭に書き上げられたこの大判装飾写本は、アイルランド出身の修道士聖コルム・キレ（聖コルンバ）がスコットランド西部インナーヘブリディーズ諸島のアイオナ島に設立した修道院で書写がはじめられた。八〇七年、ヴァイキングの襲来により島の修道院が破壊されたため、アイルランド東北部のケルズ修道院へ避難した修道士の手によって完成されたらしい。

そのあたりの経緯を扱った映画『ケルズの秘密』（二〇〇九年公開、日本未公開）を見た。この作品はアイルランド／フランス／ベルギー合作による長編アニメーション映画で、『ケルズの書』が完成するまでの経緯を子供向けの冒険ファンタジーに仕立てたものだが、歴史的背景をきちんとふまえており、わけ知りの大人にも目くばせしてみせるところが好ましい。舞台はケルズの修道院。修道院長の甥《おい》で、ヴァイキングに家族を皆殺しにされたブレンダン少年が写本室で見習いをしている。そこへ、略奪を逃れてアイオナ修道院から落ち延びてきた名高い写本彩飾師エイダンが合流する。彼は愛猫パンガー・バーンをお供に連れている。少年は写本の完成に不可欠なインクの原料となる木の実を探すため、魑魅魍魎《ちみもうりょう》が跋扈《ばっこ》する森へ入っていく……。

映画『ケルズの秘密』が送ってくる目くばせに応《こた》えてみよう。当時のひとびとがヴァイキングをいかに恐れていたかを彷彿《ほうふつ》とさせる詩が残っている。古写本の欄外に修道士がアイルランド語で書いた、一種の落書きであったらしい。

今夜は風が強くて激しい
海の髪さえ白くなるほど
こんな夜にはかえって安らぐ
ヴァイキングたちは来られないから

(James Carney, *Medieval Irish Lyrics with The Irish Bardic Poet,*

Dublin:The Dolmen Press, 1985, p. 23)

調子に乗ってもうひとつ。アニメの世界で大活躍するパンガー・バーンの正体は、知る人ぞ知る猫である。九世紀に書かれたという写本に、修道士が自分と愛猫のことを語る詩が記されているのだが、その詩に登場する、ネズミを捕るのが上手《うま》い白猫の名が「パンガー・バーン」なのだ。ちょっと長い詩なので中ほどを端折《はしょ》って訳してみよう。

わたしと相棒のパンガー・バーン
それぞれが天職を追究している
こっちが手を動かしているあいだ
あっちは狩りに余念がない

（中略）

鋭い爪《つめ》でネズミを捕らえ
もがく手応《てごた》えに狂喜する猫
難問がついに解けたときには
こっちも負けずに狂喜乱舞

こんなふうに暮らしているけど
お互い邪魔することはない
それぞれ自分の仕事を愛し
自分の道を楽しんでいる

あっちは毎日腕を磨いて
狩りの達人になるのが仕事
こっちは難問を考え抜いて
真理の光にさらすのが仕事

(Kuno Meyer, *Ancient Irish Poetry*, London: Constable, 1994, pp. 83-84)

修道士と猫のマイペースな暮らしぶりが感じられて、ついこの前書かれた詩のようだ。『ケルズの書』は、ヴァイキング襲来の恐怖と修道院での静謐《せいひつ》な思索が危うい均衡を保った時代に生み出された。現物（または図版でも）を見れば一目瞭然《いちもくりょうぜん》だが、この書物には一種異様な迫力がある。ページ全体に施された精緻《せいち》な模様が精密機械さながらに、あるいは顕微鏡を通して見る微細な生物群そっくりに、ざわざわと蠢動《しゅんどう》しはじめるかのようだ。この世のものとは思われないその美しさは、早くも十二世紀後半に書き留められている。『ケルズの書』を最初に褒《ほ》め讃《たた》えたとされるその文章は、ウェールズの聖職者ギラルドゥス・カンブレンシスが不思議な事象や驚嘆すべき奇跡を収集した、『アイルランドの歴史と地誌』の中にある。

上／ケルト修道院の復元模型
下／パンガー・バーンを思わせるレリーフ

この写本には聖ヒエロニムスによる四福音書対照表が収録され、ページ数とほぼ同じほど多数の絵が挿入され、そのすべてが見事に彩色されております。ここにおいて吾人《ごじん》は、奇跡的な手法にて描かれた神の尊顔を拝するのであります。さらには六つ、また四つ、はたまた二つの翼を持つ福音書記者の神秘的な像をも。こちらには鷲《わし》、そちらには子牛。あちらには人間の顔、むこうには獅子《しし》の顔。いちいち数え上げれば際限がありませぬ。無頓着《むとんちゃく》に何気なく見るならば、細心鏤骨《さいしんるこつ》の絵とは見抜けず、下手糞《へたくそ》な作物と映るやもしれませぬ。だが吾人もし目をこらし、芸術の秘儀へと深く見入るならば、その入り組んだ美しさに必ずや気づくでありましょう。繊細にして深遠、隙間《すきま》なく緻密《ちみつ》に編まれ、緊密に結び合わされ、いまだに鮮やかな色彩を保持しているのを目にするならば、吾人はためらわずに叫ぶでありましょう。これは人間技ではない、まさしく天使の手による作品に他ならぬ、と。

(Gerald of Wales, *The History and Topography of Ireland*, translated by John J. O'Meara, London: Penguin Books, 1982, p. 84)

精緻なデザインをことばでなぞるようなギラルドゥス・カンブレンシスのペンは、後世さまざまなひとびとが『ケルズの書』を描写する口ぶりを先取りしているかのようだ。だがじつを言うと、ギラルドゥスが「天使の手による作品」と讃えた装飾写本は『ケルズの書』ではなかった、とする説も有力である。彼はキルデアの修道院で写本を閲覧したのだが、十二世紀に『ケルズの書』がキルデアに存在したとは考えにくいとされているからだ。ギラルドゥスが見た写本は『ケルズの書』と同等の美しさを持つ今は失われた書物——仮に名付けるなら『キルデアの書』——であったに違いない、という主張が成り立つゆえんである。

書物の迷路へ踏み込んでみると『キルデアのブリジッド』（Heather Terrell, *Brigid of Kildare*, New York: Ballantine Books, 2009）という小説が見つかった。さっそく取り寄せて読んでみたら、なかなか隅に置けない一冊だった。聖ブリジッドといえば、聖パトリックに次いで人気があるアイルランドの国民的聖人で、五世紀後半から六世紀にかけてダブリンの西南キルデアの地に修道院をいとなみ、女性の身で司教に任ぜられたと伝えられる。この小説の中身を煎《せん》じ詰めれば、キルデアの女子修道院から依頼を受けた現代の美術鑑定家が聖遺物容器の調査をするうちに内部から写本が発見され、その書物が幻の『キルデアの書』だったという話。『ダヴィンチ・コード』を思わせる謎《なぞと》解きが半分、残りの半分がブリジッドの時代の修道院生活を描いた物語になっていて、大人向けの《ケルズの秘密》としておもしろく読んだので、ちょっとおすそわけしよう。

次に引用するのは、キリスト教世界の辺境だったキルデアの修道院で異端行為がおこなわれていないかスパイするため、ローマから送り込まれた修道士デシウスが、この地に滞在するうちにブリジッドに共鳴し、協力者へと変貌《へんぼう》したあたりの一節。語り手のデシウスは優れた写本彩飾師でもある——

兄よ、その異教の小像を眺めているうちに、不可思議な霊感がわたしに訪れて、どうすればよいかわかったのだ。わたしは即座に祭壇の前から離れ、写字生用の椅子に腰掛けた。そして机の上に散らばっていた羊皮紙の反故《ほご》を片付け、画筆を執《と》った。何も考えず緊張もないままに、羊皮紙の上を筆がするすると動いた。

わが目の前にあらわれたのは晴朗な面持ちの堂々たるマリア。美しく飾った背もたれの高い王座に腰掛けたその姿が、羊皮紙の上に描かれていた。膝上《ひざうえ》には、あどけなさと聡明《そうめい》さをあわせもったキリストが左を向いて浮かび上がった。左手を母に向けてさしのべ、右手で母の手を握っている。

(Terrell, p. 209)

『ケルズの書』の第七葉裏面には、天使たちに囲まれた聖母子像が描かれており、このページはヨーロッパ最古の聖母図像として知られている。小説内のデシウス修道士はエジプトのホルスとイシスの小像から着想を得て、『ケルズの書』よりも三〇〇年も早く聖母子像を描いたのである。この虚構を入り口にして、ケルト修道院に花開いた驚くべき多文化性をめぐる書物の迷宮へ入っていくことも可能だが、その話はまたの機会にとっておこう。

3　ストロングボウとイーファの結婚――クライストチャーチ大聖堂、ダブリン

アイルランドについて語ろうとすると、説明するのに骨が折れる問題にぶち当たって、気が萎《な》えてしまうことが多々ある。でもそこをなんとか切り抜けないと話はちっともおもしろくなってこない。この章ではアイルランドの宗教問題の、いちばん根っこのところの解説を試みるので、少しの間だけご辛抱いただきたい。まずはアイルランド共和国（イギリス領北アイルランドは除く）における宗教を統計数字で示しておくと、二〇〇六年現在、キリスト教徒が国民の九〇％を占めている。内訳は、ローマ・カトリック信徒が総人口の約八七％で圧倒的多数。プロテスタント信徒は約三％、その中の大部分はアイルランド国教会《チャーチ・オブ・アイルランド》の信徒であって、他に長老派（〇・六％）、メソジスト（〇・六％）などが含まれる。

ありていに言って、人口の大多数を占めるカトリック信徒と少数派のアイルランド国教会（プロテスタント）信徒が織りなしてきた複雑な力関係の軌跡が、アイルランドの近代史そのものなのだ。力関係の複雑さを証拠立てるかのように、ダブリンには三つの大聖堂がある。

「大聖堂」というのは、キリストの弟子である使徒を継承する（カトリックでは）司教（〔アイルランド国教会では〕主教）の座席が据えられた中心的な教会のことである。古い順に並べると、一一七二年に建設が開始されたクライストチャーチ大聖堂、少し遅れて聖パトリック大聖堂、いちばん新しいのは一八二五年に完成した聖メアリー大聖堂となる。現在、クライストチャーチはアイルランド国教会の〈ダブリン大主教管区の大聖堂〉、聖パトリックは同じくアイルランド国教会の〈国を代表する大聖堂〉、聖メアリーはローマ・カトリックの〈ダブリン大司教管区の仮大聖堂〉である。

こんなふうに結論だけ並べれば話がますますわかりにくくなるのは承知である。こんがらかったこぶ玉をこれからていねいにほどいてご覧に入れよう。信徒の人口が少ないアイルランド国教会の大聖堂がなぜふたつもあるのか？　プロテスタント教会は宗教改革の後に成立したはずなのに、なぜ十二世紀に建てられた古い教会を占有しているのか？　カトリックの大聖堂はなぜ「仮」なのか？　そうした疑問になるべく納得がいくよう答えてみるつもりだ。

そもそもヨーロッパの西のはずれの、ローマ人が冬の国《ヒベルニア》と呼んだ緑の島に、聖パトリックがはじめてキリスト教をもたらしたのは、四三二年頃とされている。その後アイルランドは、「聖人と学者の島」と呼ばれるにふさわしい独自の修道院文化を開花させていく。今では観光地になっているグレンダロッホやクロンマックノイスのような修道院遺跡は、最盛期には修道院を中心とする小都市にまで発展していた。ところが、おのおのがばらばらに活動していたケルト修道院はやがて、ヨーロッパ大陸のキリスト教文化に後れをとるようになる。十二世紀におこなわれた教会会議で、アイルランド全土は大陸に倣って司教管区に分割され、ローマ教皇を頂点とする教会組織に連なる司教が座る司教座《カテドラ》を持つ大聖堂《カテドラル》が、各地に置かれることになった。

十二世紀後半にはイングランドからアングロノルマン人が侵攻し、アイルランドの支配を徐々に強めていく。それにともなってアイルランドの司教管区の多くに、イングランド人の司教が任命されるようになる。この傾向は司教座そのものを空洞化させていく。たとえば一四三二年当時、アイルランド北東部ドロモア司教管区の司教を名乗る人物が四人おり、そのいずれもが現地には赴任せず、イングランドに居住していたという。同様の混乱はアイルランド各地で起きていたらしい。クライストチャーチと聖パトリック、ふたつの大聖堂の物語はこの時期にはじまった。

クライストチャーチは、ダブリンを東西に横切るリフィー川を南岸から見下ろす小高い丘の上にある。丘のふもとにはダブリンという地名の語源になった〈ディヴ・リン（黒い水たまり）〉があった。九世紀、ヴァイキングの集団が河口から遡行《そこう》してきて、水たまりのほとりに最初の集落をいとなみ、やがて丘の上に町をつくった。丘の頂にはキリスト教に改宗したヴァイキング王シトリックが一〇三八年頃建てた小さな木造の教会があったが、ダブリンが大司教管区の地位を得たのを機に、大聖堂が新築される運びになった。一一七二年、ダブリンを征服したアングロノルマン人のペンブルック伯リチャード――通称〈強弓《ストロングボウ》〉――の命令により、クライストチャーチの建設が開始されたのである。

ストロングボウがダブリンへ侵攻したのは、アイルランド東部を支配したレンスター王ディアルミド・マクマーラに請《こ》われたからだ。宿敵ティアノン・オロークとの抗争の末に廃位・追放の憂き目を見たディアルミドは大陸へ渡り、再起を画策していた。彼は、ブリテンとフランスの一部を手中におさめていたノルマンの王ヘンリー二世に忠誠を誓い、ウェールズにいたノルマンの首領ストロングボウに会う。やすやすとは腰を上げないストロングボウを説得にかかったディアルミドは、長女イーファを嫁がせ、レンスター王の相続権をも与えることを条件に、ついに援軍を送ってもらう約束をとりつける。一一七〇年、アイルランド東岸に上陸したストロングボウはウォーターフォードの町を攻め落とした後、イーファと結婚する。

ダブリンのナショナルギャラリーには、この史実を描いた「ストロングボウとイーファの結婚」と題する歴史画がある。イーファの手をとる精悍《せいかん》な戦士ストロングボウ。ひやひやしながら、あるいは疑念や嫌悪を抱きながら、結婚式を見守るストロングボウの側近とイーファの侍女たち。負け戦を英雄的に戦ったアイルランドの戦士たち。弦が切れたハープを抱えて絶望する吟唱詩人。ディアルミド・マクマーラ本人は、なにやら落ち着かない目をして新婦の脇にたたずんでいる。この結婚こそ、アイルランドをアングロノルマン勢力に屈伏させ、イングランドによるアイルランド支配へと導く発端なのだ。

結婚式の直後、ストロングボウは約束通りダブリン攻略の途につく。P・W・ジョイス著『子どものためのアイルランド史』という古い本を開くと、まるで見てきたようにストロングボウのダブリン入りが描写されている。

> かくしてストロングボウとディアルミドは、五〇〇〇の軍勢を率いてダブリンへ向かいました。戦士たちはいずれ劣らぬ鉄の偉丈夫。平原をのこのこ進んで迎え撃ちに遭うのを嫌った大軍勢はグレンダロッホを経由いたしまして、隘路《あいろ》難路、沼地に森の数々をくぐり抜けまして、ウィックロウ山地を真正面から越えてまいります。ダブリン方の耳に飛び込んできた第一報は、大軍勢の縦列が丘の斜面をいっせいに下って町へ突進中との急告。あわてふためいたダブリン方は、高徳光り輝く大司教ローレンス・オトゥールを前に立てまして、にわかに降伏の段取りをはじめたのでございます。
>
> (P. W. Joyce, *A Child's History of Ireland*, London: Longmans, Green, and Co., 1909, p. 135)

源 義経《みなもとのよしつね》が急坂を駆け下りた「鵯越《ひよどりごえ》の逆落《さかお》とし」を彷彿とさせるこの一節は、一〇〇年前の若い読者の胸を躍らせたに違いない。

ところでクライストチャーチ大聖堂の建設作業は、引用した文章にも出てきたローレンス・オトゥール大司教(イーファの伯父、歴史画では早手回しに結婚式の司式《しき》をしている)の協力を得て順調に進んだ。だがストロングボウは一一七六年に、オトゥールも一一八〇年に、あいついで死去してしまう。オトゥールのあとを引き継いだのは、イングランド王ヘンリー二世に指名されたノルマン人のジョン・コミン。指名後三年目にようやくイングランドから赴いたコミンは、クライストチャーチの建設を手がけるかたわら、ダブリン市の城壁のすぐ外側に居館と聖堂を建てはじめる。聖堂は、その昔この地の泉で聖パトリックが多くのひとびとに洗礼をさずけた故事にちなんで、聖パトリックと名付けられた。この聖堂は一二二一年にローマ教皇により大聖堂に列せられる。

かくしてダブリンは、城壁の内と外にふたつのカテドラルを持つことになった。ヘンリー二世の強い信任を受けたコミンの意図は、聖パトリック大聖堂をクライストチャーチにとってかわらせることにあったらしい。とはいえ事がそう簡単に運ぶはずもなく、並び立つふたつの大聖堂のライバル関係がここにはじまる。一三〇〇年に合意に達した協定によれば、より古いクライストチャーチが優先権を持ち、ここにおいて大司教の就任を祝う祝聖式《しゅくせいしき》をとりおこなうことを認める一方で、大聖堂としての権利は両教会が共有する、という異例の措置がとられることになった。

ぼくたちの時代へ到達するためには、さらに七〇〇年ほどの歴史を駆け抜けなければならない。ストロングボウに端を発したイングランドによるアイルランド支配がいよいよ、この国の運命に決定的な影響を及ぼす時代がやってくる。イングランド王ヘンリー八世による宗教改革のはじまりである。一五三四年、ヘンリー王は国王至上法を制定し、国王が教会の頂点に立つイングランド国教会を樹立して、ダブリンの官庁にもローマ教皇の聖職叙任権を無視するよう通達した。三六年にはヘンリー王自身が、イングランド国教会派に属するアイルランドの教会組織〈アイルランド国教会〉の首座を占めることを宣言した。その結果、ローマ・カトリックとして運営されてきた古い教会すべてが、「改革」されたアイルランド国教会（プロテスタント）の典礼をおこなう場所となり、国内各地でカトリック修道院の強制的な解散がはじめられた。聖パトリックとクライストチャーチの両大聖堂もこの時点で、アイルランド国教会の大聖堂になったのである。

ところが、宗教改革の大波をかぶってもアイルランド民衆の信仰は揺るがなかった。イングランドによる支配はアイルランド全土に及ぶものではなかったために、アイルランド国教会の信徒は土地所有階級にとどまり、民衆はローマ教会への忠節を保った。その結果、信徒数が少ないにもかかわらず古来の教会建築や財産を引き継いだアイルランド国教会は、植民地支配と連想づけられることになった。

ふたつの大聖堂にとって重要なもうひとつの歴史的時点は一八七一年である。この年発効した「アイルランド国教会廃止法」により、アイルランド国教会の立場はカトリックその他の教派と法的に同等になった。これ以後クライストチャーチは本来のダブリン大主教管区の大聖堂としての地位を保ち、聖パトリックは主教管区の大聖堂であることを終えた。

その代わりに聖パトリック大聖堂は、ロンドンのウェストミンスター大聖堂とよく似た〈国を代表する《ナショナル》大聖堂《カテドラル》〉という地位を得た。この大聖堂にはいかなる主教の管轄権もおよばず、アイルランド国教会の首席主教であるアーマーの大主教さえ主教杖を持ち込むことはない、という別格の扱いである。

ここまでで、ダブリンにある三つのカテドラルをめぐる問いのうちの、三分の二には答えることができたように思う。聖メアリー仮大聖堂の物語は、席をあらためてお話ししてみたい（第5章参照）。

4 スウィフトの墓碑銘――聖パトリック大聖堂、ダブリン

一六六七年のダブリンは昏々《こんこん》と眠りこけていた。ダブリン城とクライストチャーチ大聖堂が城壁内の家々を見下ろし、城門を出て南へ下った低地には聖パトリック大聖堂が目立つもののの、建物はどこも荒廃している。アイルランドはイングランド王の支配下にあって、首府ダブリンも植民地支配に甘んじている。人口一万に満たない中世都市は、近代都市へ変貌しあぐねている。この年、城に近い一軒の家で、イングランド人の両親の元にひとりの男の子が生まれる。父親はこの子が生まれる前に死亡、母親は新生児を置き去りにして故郷へ帰ってしまったので、赤ん坊は乳母の手で育てられることになる。

父親と同名のジョナサン・スウィフトと名付けられたその孤児は成長し、伯父の援助を得てトリニティ・カレッジに入学するが、成績不良な上に規則破りの常習犯だったため、「特別なはからい」を得てようやく卒業するしまつだった。その後イングランドへ渡ったスウィフト青年は、有名な外交官にして著述家サー・ウィリアム・テンプル家の食客《いそうろう》となり、オッ

クスフォード大学へ通わせてもらったりもする。この青年はじつはテンプルの落胤《らくいん》だったという説もあるのだが、本当のところはわからない。

出世欲が強い若者に育ったスウィフトはアイルランドへ舞い戻り、アイルランド国教会の司祭となる。以来、アイルランドとイングランドを行ったり来たりしながら、教会組織内での栄達を狙《ねら》うとともに政治論客としても頭角をあらわす。ところが支持した政党の敗北やみずからの変節が災いして、栄進の道はほどほどのところで寸断されてしまう。一七一三年、四十六歳のスウィフトは故郷ダブリンの聖パトリック大聖堂の首席司祭《ディーン》に任命されたものの、本人はこの地位に大いに不満、ダブリンのひとびとも俗臭にまみれた新司祭の赴任を歓迎していなかった。任命式当日の四月二十三日、大聖堂の大扉には、誰かが書いた落首《らくしゅ》が貼《は》り付けてあったという。

聖パトリック様、栄えある今日のこの日
　下界を見下ろし、あなたの塔と教会をご照覧下さい
大聖堂の首席司祭《ディーン》をどうか改心させて下さい
　さもなくば善男善女に神様のお恵みを
（Ian Campbell Ross, *Swift's Ireland*, Dublin: Eason &Son, 1983, n. pag.）

スウィフトはいったんイングランドへ退散したものの、翌年アン女王が死去し、頼みにしていたトーリー党内閣も倒れて、彼を批判する言論の矛先がいよいよ鋭くなる。こうなれば腹をくくってダブリンへ戻るよりほか道はない。彼は後年書いた詩の中で当時をこう振り返っている。

卑劣で毒あるペンに追われて
はるばるやってきてみれば、奴隷だらけで沼だらけ
愚劣に育ったへいへいツライ族が
虐げられればばられるほど、いっそうぺこぺこする土地だ。
(Jonathan Swift, *The Complete Poems*, ed. Pat Rogers, London: Penguin Books, 1983, pp. 495–496)

皮肉と風刺をまき散らす彼の文才は、大嫌いなアイルランドに腰を据えたこの時期以降、怖いくらいに冴《さ》えわたる。

代表作は一七二六年、五十九歳のときに刊行された。言わずと知れたファンタジー小説の傑作『ガリヴァー旅行記』である。児童向けにリライトされた版で読めば奇想天外な冒険物

語だが、原作を手に取ると、人間存在にたいする過剰なまでの皮肉と政治風刺をちりばめた、毒気の強い書物だとわかる。

この大作と前後して、レトリックの限りを尽くしてアイルランドの窮状を訴える政治パンフレットが次々に出版される。スウィフトはプロテスタントの地主階級を信徒とする聖パトリック大聖堂の首席司祭だったから、カトリック信徒である小作人たちと直接つきあいがあったわけではないし、「ヘツライ族」にたいする軽蔑《けいべつ》が薄れた証拠もない。大嫌いなアイルランドに肩入れする発言をはじめた理由はたぶん、同情や共感ゆえではない。苛烈《かれつ》で理不尽な植民地政策を内側から見続けた末に、一種抽象的で純粋な怒りに駆り立てられたのではないか？　スウィフトの内側には芯《しん》が冷えたような執念深さがある。その執拗《しつよう》さがアイルランドの窮状という触媒を得て、冷え冷えと燃え上がったように思われるのだ。

『ガリヴァー旅行記』を書いていた時期に出版された『ドレイピア書簡』と呼ばれる小冊子シリーズは織物商人を語り手に立て、悪貨鋳造の排斥を主張した、書簡体の意見広告である。シリーズは匿名で『第七書簡』まで刊行され、国民的な反対運動を呼び起こした結果、アイルランドにおいて純度の低い銅貨鋳造の独占を企てたイギリス人の金物商人、ウィリアム・ウッドにいったん与えられた専売勅許状は取り消された。正体不明の著者の首には三〇〇ポンドの懸賞金まで掛けられたが、密告する者はついにいなかった。

『ガリヴァー旅行記』が出た三年後、『アイルランドの貧民の子供たちが親や国の重荷となることを防ぎ、社会に有益な存在とならしめるための控えめな提案』と題された小冊子があらわれた。スウィフトは六十二歳だった。タイトルからしていかにも曲者《くせもの》めいたこのパンフレットが提案するのは、貧しい親の元に生まれたアイルランドの子供たちを丸々と太らせて食用に供すべし、という計画である。あまりにも有名なこのパンフレットは、食肉用の子供の供給量や必要経費やレシピや価格について、微に入り細をうがった想定を語る。そして著者はこうつけくわえる――「この食物はいささか高価だと認めざるを得ぬゆえ、地主に最適な食物であろう。彼らは自分らの親たちをすでにむさぼり食ってきたのであるから、子供を食らうには最適任だと思われる」（Jonathan Swift, *The Prose Works of Jonathan Swift, D.D.*, vol. VII, ed. Temple Scott, London: George Bell and Sons, 1905, p. 210）。この皮肉は毒が強すぎて笑えない。皮肉屋の資質を大いに持っていた夏目漱石《なつめそうせき》でさえ、東京帝大の英文科でおこなった講義の中で『提案』のさわりを引用してから、「これを真面目《まじめ》とすれば純然たる狂人である」と評し、「冗談も休み休み云ふ人の冗談は自《おのずか》ら冗談と真面目の境がつくが、平常冗談を商売にして居る者の冗談は普通の談話と区別することが出来ない」（夏目漱石『漱石全集　第十五巻』岩波書店、一九九五年、p. 331）と述べて、アイルランド人お得意のなにくわぬ顔《デッドパン》で言うユーモアにとまどいを隠さなかった。

スウィフトは決して「狂人」ではなかった。だが心神を喪失するのを絶えず恐れていたふしがある。二十三歳のとき激しいめまいに襲われて以来、メニエル症候群に苦しんでいたらしく、六十歳代半ば以降は聴覚が衰え、頭痛とめまいもひどくなったと伝えられる。さきほど引用した「ヘツライ族」が出てくる詩句は、彼が六十四歳のときに書いた「スウィフト博士の死を悼む詩」の一節だが、同じ詩の中に、「見てご覧、首席司祭《ディーン》がポンコツになってきた」、と老いたわが身をあざ笑うパッセージも含まれている——

古なじみのめまいの奴は
死ぬまで頭の中に居座るつもりなんだ。
おまけに記憶も崩れてきてる。
言いたいことが出てこないし
友達の名前だって忘れてる。
前の食事をどこで食べたかも忘れちまって
同じ話をなんべんも聞かせるのさ。
もう五〇回も聞いた話だ。
時代遅れのとんちを聞かされる

身になってみたことがあるんだろうか？
あのひとにつかまった若い者は
ワインが目当てで、ハイハイって冗談を聞いてるだけだよ。
思うに、長ったらしい話を短くできないんだったら、
四分の一時間ごとに聞き手をとりかえるしかないね。

(Swift, *The Complete Poems*, pp. 487-488)

ここまで冷静に自分自身を茶化すことができる人間は、決して耄碌《もうろく》もしていなければ、狂気に身を任せてもいない。だがこの詩を書いてから一一年後、七十五歳のスウィフトは医師団によって、公私ともに責任能力を喪失した「廃人」と判定され、後見人がつけられた。二年後、彼は死去した。

スウィフトは手回しよく自分の墓碑銘をラテン語で準備しておいた。その文句は遺言に従い、金文字も鮮やかに、聖パトリック大聖堂の壁上に掲げられている。二十世紀のアイルランド詩人W・B・イェイツが六十五歳を迎えたとき、老齢について深く思いをめぐらせた先輩詩人に共鳴した。そして碑文を英訳し、「スウィフトの墓碑銘」という詩に仕立てた――

スウィフトは憩いの地に到着した。
そこでは凶暴な怒りが
胸を引き裂いたりはしない。
人の世に悪酔いした旅人よ
できるなら真似《まね》るがいい
人間の自由に仕えたこの男を。

(W. B. Yeats, *The Poems*, ed. Daniel Albright, London: Everyman's Library, 1992, pp. 295-296)

生涯さまざまな理由で自分自身を持てあますことが多かったせいだろうか、スウィフトは死後自分の財産を寄付し、精神を病む者を収容する病院を建てるよう遺言した。一七五七年、聖パトリック大聖堂に近いダブリンの西部地区に、白亜の殿堂と言うべき美しい病院が開院した。聖パトリック病院と名付けられたこの精神病院は、歴史的な建物を大切に使い、現在にいたるまで医療をおこなっている。

スウィフトが生きた時代は、ダブリンが急激に変わった時代である。彼が生まれたときには一万に満たなかった人口が一六八〇年には七万に達し、一七三二年には一五万にふくれあがったと記録されている。『ガリヴァー旅行記』が出版された一七二〇年代から聖パトリック病院が建ち上がる頃にかけて、ダブリンは建築ラッシュを迎えていた。トリニティ・カレッジの図書館（『ケルズの書』を所蔵する）、市長公邸であるマンションハウス、レンスターハウス（現在はアイルランド共和国国会議事堂）、議事堂（現在はアイルランド銀行本店）をはじめとするジョージアン（新古典主義）様式の大建築が続々と竣工《しゅんこう》し、今日ぼくたちが目にする街並みの大半がこの時代に完成したのである。

だがもちろん、都市開発が貧富の差の増大と農村の疲弊をもたらしたことも見逃せない。聖パトリック大聖堂の首席司祭は、突貫工事で進められる開発から目をそらすかのように、大嫌いなアイルランドが抱え込んだ暗黒の部分を見据え、皮肉を込めて明るみに出してみせた。これほどまでに冷たく熱く、偏屈なのにまっすぐな人間を、ぼくは他に知らない。

聖パトリック大聖堂の壁に掲げられた、スウィフトの墓碑。自身でラテン語の墓碑銘を準備していた

5 裏通りの神の家——聖メアリー仮大聖堂、ダブリン

ダブリンの三つの大聖堂をめぐる物語の後半をお話ししたい。リフィー川南岸のクライストチャーチ大聖堂と聖パトリック大聖堂に比較すると、北岸にある三つ目の大聖堂、聖メアリー仮大聖堂は建築年代が格段に新しい。ひっそりした裏通りに建っているばかりか、「仮大聖堂」という名称にも込み入った事情がありそうだ。聖メアリーが語る身の上話にじっくり耳を傾けてみよう。

話は十七世紀末までさかのぼる。アイルランドにおけるプロテスタント（アイルランド国教会）優位の構図ができあがっていくなかで、カトリックの立場が決定的に厳しいものになるのは一六九〇年、ダブリンの北のボイン川の戦いで、イングランド最後のカトリック王ジェームズ二世が、娘婿でプロテスタントのオレンジ公ウィリアム三世に敗れたときからである。この敗戦をきっかけにして、人口の三分の二を占めるカトリック信徒に「カトリック刑罰法」が適用される時代がはじまる。その目的は、少数派だが親イングランドを掲げるプロ

テスタント地主層の既得権を保護すると同時に、多数派を占めるカトリック信徒を第二級国民として扱うことで、彼らを政治的・社会的に無力なままとどめておくことにあった。カトリック信徒は、アイルランド国教会に十分の一税を納める義務が課せられていたのに加えて、公職や法律職に就くことは禁止、教育機会や土地の購入・相続も厳しく制限された。その結果、一六四一年には国土の五分の三ほどあったカトリック信徒の所有地は、一六八〇年代には五分の一に激減し、一七七八年にはわずか五％にまで減少した。

この間、カトリック信仰は法的に禁止されてこそいなかったものの、信徒たちが祈りの場所を確保するのは容易でなかった。田舎では民家の室内や野外の生け垣の蔭《かげ》などでミサがおこなわれた。ダブリンのような都市では、倉庫や厩《うまや》を改造したり、裏通りに小家を建てたりして、「小礼拝堂《チャペル》」（アイルランド国教会以外の祈りの場所を「教会《チャーチ》」と呼ぶことは許されなかった）として用いた。聖メアリー仮大聖堂の前身もそうした小家のひとつだった。

聖メアリー小礼拝堂《チャペル》に焦点を絞ろう。長く続いたカトリック抑圧政策がしだいに緩和されていく時代のなかで、一七九七年、カトリックのダブリン大司教ジョン・トマス・トロイが、このちっぽけな礼拝堂を拠点にして「十分広く威厳のある新しい教会」を建てるための資金集めを開始する。新しい教会の建築予定地としては、道幅が広げられたばかりのドロハダ通り（のちのオコンネル大通り）に面した一等地で、現在中央郵便局がある場所も候補にあがった。しかし、一七九八年、フランス革命に影響を受けたユナイテッド・アイリッシュメンの反乱が失敗したばかりだったので、支配階級の反カトリック感情を刺激するのはどうしても避ける必要があった。そうした配慮から、現在聖メアリーが建っている裏通り——マールボロ通り——が選ばれたのだという。

新しい教会のデザインにはゴシックやロマネスクではなく、ローマの神殿を思わせる古典様式が採用され、一八二五年に完成した。この当時、やがてダブリン随一の大通りに名前を与えることになるダニエル・オコンネル（一七七五—一八四七）が、カトリック解放のために奔走していた。十一月十四日、大聖堂の献堂式がおこなわれた後のレセプションで、オコンネルはスピーチをこうしめくくった——「あらゆる階層のアイルランド人が団結し、かれらの中から不和という悪魔が追い出されるならば、アイルランドは幸せにあふれ、祝福に満ちた国となることでしょう」（Dermod McCarthy, *St Mary's Pro-Cathedral, Dublin*, Dublin: Eason & Son, 1988, n. pag.）。

南部ケリー州のカトリックの地主の家に生まれたオコンネルは一七九八年、カトリックに対する職業制限が緩和された翌年に、弁護士の資格を取得する。一八二三年にはカトリック協会を結成、大衆運動を巧みに組織化してカトリック刑罰法完全撤廃をアピールする世論をもりあげた。二八年には南西部のクレア州から立候補し、公職就任権がないまま連合王国議会下院議員に当選、翌年にはカトリック信徒解放法の成立をついにかちとった。彼は後にダブリン市長にもなった。時は移って一八四七年、イタリアのジェノヴァで客死したオコンネルの棺《ひつぎ》はダブリンへ運ばれ、聖メアリー教会に四日間安置されて市民の弔問を受けた。墓はダブリン市内のグラスネヴィン墓地にある。

当時歌われた時事バラッドが残っている。タイトルは「グローニャがオコンネルの墓にもたれて歌う哀悼歌」。グローニャは伝説上の女性だが、この歌では国土の化身のような人格を与えられている。歌い出しの部分だけ日本語に吹き替えてみよう――

悩める祖国で喪に服す息子たちよ
悲しみをもてわが歌に耳傾けよ
嘆きの歌は長く声高に歌われて
汚《けが》れなきグローニャがしろしめす岸辺を満たす
悲報に接したわが国民が流すのは
勇敢無双なる者のまさかの死を悼む涙
絶望の黒衣をまとったグローニャが
オコンネルの墓にもたれてすすり泣く

（http://digital.nls.uk/broadside.cfm/id/15024）

聖メアリーは裏通りから激動の時代を見守ってきた。一九一六年イースター蜂起《ほうき》にはじまり、対英独立戦争からアイルランド内戦へとこじれていく泥沼のような戦いは、ニール・ジョーダン監督の映画『マイケル・コリンズ』（一九九六年公開）の中で詳しく描かれていたが、市街戦は聖メアリー界隈《かいわい》を含むダブリンの中心街で繰り広げられた。本来僚友であったマイケル・コリンズとエーモン・デ・ヴァレラが対立した内戦のさなかの一九二二年、アイルランド自由国が成立し、翌年ようやく戦火がおさまった。

マイケル・コリンズは二二年八月、待ち伏せ攻撃を受けて死亡、葬式は聖メアリーでおこなわれた。新しく制定されたばかりの、緑と白とオレンジの自由国国旗がアイルランド兵士の棺に掛けられたのは、このときが最初だと伝えられている。他方、内戦でコリンズと対立したデ・ヴァレラは生き延びて、新しい国の首相と大統領を歴任した。時は流れて一九七五年、九十三歳の天寿をまっとうした彼の遺体もまた聖メアリーに安置され、盛大な葬式が挙行された。

こうして聖メアリーはかれこれ二〇〇年近くもアイルランドの歴史を見守ってきたのだが、いまだに「仮大聖堂」と呼ばれているのはなぜだろう？　この名称は、アイルランドの国教制度が廃止された（すなわちアイルランド国教会が他の諸教会と同等になった）一八八〇年代以降に用いられるようになり、今世紀に入って定着したと言われている。聖メアリーが「仮」

を名乗っている理由をお話しして、この教会の身の上話をしめくくることにしたい。

「仮大聖堂」が意味するのはこういうことだ――ダブリンの第二代大司教聖ローレンス・オトゥールがクライストチャーチを再建・拡張し、この教会がローマ教皇によって大聖堂に指名されて以来今日にいたるまで、歴代のカトリック司教のなかでこの決定の廃止を願い出た者はいない。それゆえ、この決定の廃止を願い出る司教が出るか、クライストチャーチがローマ・カトリックに返還されないかぎり、聖メアリーは、母なる教会《マザー・チャーチ》の地位を占めるものの、〈大聖堂《カテドラル》〉の名義で呼ばれることはない（Peter Galloway, *The Cathedrals of Ireland*, Belfast: The Institute of Irish Studies, QUB, 1992, p. 93 参照）。ローレンス・オトゥールのことは覚えておいでだろうか？　ストロングボウとイーファの結婚式を司式した十二世紀後半の大司教である。聖メアリーの歴史はまだ二〇〇年にも満たないのに、「仮大聖堂」という名称は八〇〇年を超える歴史の重荷を背負っているのだ。

聖メアリーはガイドブックに載るような観光名所ではない。オコンネル大通りの裏にたたずむこの教会は、買い物のついでに地元っ子たちが立ち寄っていく「母なる教会」なのである。

6　警句だらけの記念像――メリオンスクエア、ダブリン

メリオンスクエアは花壇が美しい公園である。名前の通り四角い形をしたこの公園は、南、北、東の三方を、四階建てのレンガ造りの建物にぎっしり取り囲まれている。今ではさまざまなオフィスが入居している建物はどれも、十八世紀後半のジョージアン時代に建てられた邸宅だ。公園の西側には白亜の国会議事堂（これも昔は大邸宅だった）、自然史博物館、ナショナルギャラリーが軒を連ねている。この界隈はダブリンでも超がつく一等地なのである。その昔、メリオンスクエアは邸宅街の住人にしか利用できない緑地だったが、今では誰にでも門扉を開いている。

季節の花が咲き乱れるこの公園には記念碑や彫刻が点在している。ぼくがいちばん気に入っているのは、公園の西北隅にあるオスカー・ワイルドを記念した彫像。ワイルドは一八五四年、公園のすぐ北のウェストランド・ロウ二一番地で生まれた。レンガ造りのこの家で、眼科と耳鼻科を専門とする父親が開業していたのだ。彼は外科医としてはすこぶる腕利きだ

ったが、女癖が悪かった。母親はアイルランドへの愛国心に燃える詩人だった。ワイルドが一歳にもならないうちに、一家は公園を真正面に見渡すメリオンスクエア一番地の邸宅へ引っ越した。この屋敷はやがてダブリンでも指折りの文学サロンになる。

ワイルドは寄宿学校で基礎学力を養った後、自宅から目と鼻の先にあるダブリン大学トリニティ・カレッジに入学、さらにオックスフォード大学モードリン・カレッジへ進んで文学を学び、首席で卒業した。あふれんばかりの才能と機知を奇矯《ききょう》なファッションにくるんだ彼はロンドンへ出て、ジョン・ラスキンとウォルター・ペイターがとなえた唯美主義を引き継ぐ書き手として活躍をはじめる。まずは詩集、次に「幸福な王子」をはじめとする童話、「アーサー・サヴィル卿の犯罪」などの短編・中編小説、長編小説『ドリアン・グレイの肖像』、『ウィンダミア夫人の扇』や『サロメ』などの戯曲、さらに批評の分野でも向かうところ敵なしの才筆を発揮した。たぐいまれな名声を手にしたワイルドは享楽をほしいままにする日々を送ったが、やがて当時違法とされていた同性愛行為のかどで有罪となり、破産宣告を受けて二年間投獄された。このスキャンダルによって彼は名声も家族も財産も失い、出獄後はフランスとイタリアを転々とした後、パリで死んだ。四十六歳だった。

栄光と破滅を極めたオスカー・ワイルドは彫像に姿を変えて、メリオンスクエアへ里帰りしているのだ。作者はイギリスの彫刻家ダニー・オズボーン、ワイルドのレディング監獄出獄一〇〇年を記念して一九九七年に設置された。彫像は三点からなる大作である。まず、巨大な自然石のうえに等身大より大きなワイルドがふんぞりかえっている。視線の先には男のトルソのブロンズ像がある。ワイルドの目には肉欲が灯《とも》っているようでもあり、淋《さび》しげでもあり、怜悧《れいり》なまなざしにも見える。他方、ワイルドが目を向けていないところにもう一点のブロンズ像がある。こちらは妊娠した女性のヌードである。彼女はワイルドに背を向け、目線もよそを向いている。

作者オズボーンによれば、男性のトルソはワインと陶酔の神ディオニュソスで、妊婦はワイルドの妻コンスタンスだという。なるほどと納得した。ディオニュソス像とコンスタンス像それぞれの台座に近寄ってみると、ワイルドのさまざまな作品からとられた名文句が刻み込まれている。黒御影石《くろみかげいし》に彫り込まれた文句はさまざまな筆跡で、あたかも白いマジックで落書きされたみたいに見える。ここへ来れば、アイルランドが生んだ無類の警句家ワイルドのエッセンスをいつでも味わえるのだ。ダブリンに住んでいたとき、散歩に行くたびに彫像の台座を眺めて、気に入った文句をメモしたり写真にとったりした。今それらを集めてみたらこんなリストになった。

（1） All art is at once surface and symbol.

（2）There is only one thing in the world worse than being talked about, and that is not being talked about.
（3）Nothing looks so like innocence as an indiscretion.
（4）Whenever people agree with me I always feel I must be wrong.
（5）A cynic is a man who knows the price of everything and the value of nothing.
（6）Experience is the name everyone gives to his mistakes.
（7）Only dull people are brilliant at breakfast.
（8）Nothing that is worth knowing can be taught.
（9）There is no sin except stupidity.
（10）The well-bred contradict other people. The wise contradict themselves.
（11）Life is not complex. We are complex. Life is simple, and the simple thing is the right thing.

それぞれにおもしろく、身につまされるトゲも持っている文句だと思う。だがこんなふうに並べてみると、それらのことばが発せられたそもそもの場面が知りたくなる。そう思い立って、警句の出典を探しはじめた。

真っ先に見つけたのが、「**あらゆる芸術は表面であると同時に象徴である**」(1)。この文句が隠れていたのは、小説『ドリアン・グレイの肖像』の序文。美貌の若者ドリアンの祈りがかなえられて本人の若さは失われず、肖像画が時とともに醜くなっていく物語を思い出せば、この警句は読者にワイルドが突きつけた挑戦状のようにも思えてくる。

『ドリアン・グレイの肖像』は、ドリアンの全身像を描きかけている画家のアトリエに、友人のヘンリー・ウォットン卿が訪ねてきたシーンからはじまる。ヘンリー卿は肖像画が上出来だと誉《ほ》め讃え、展覧会にぜひ出品すべきだと強く言い張る――

「どこへも出さないって？　なぜだね、君？　特別な理由でもあるのかね？　画家ってのはじつにへんてこな連中だなあ！　名声を得るためなら何だってするくせに、いざ名声が手に入るが早いか、そいつを捨ててしまおうとするんだから。じつにばかげてるよ。いいかね、**他人様《ひとさま》の話題になるより悪いことが世の中にひとつだけある。それは、誰にも話題にされないことだ**(2)。これほどの肖像画を描いたとあれば、君は、イングランドのどんな若者よりもはるかに優位に立てる。それだけじゃない。年がいった男連中を嫉妬《しっと》に駆り立てることだってできるんだぞ――もっとも連中にものを感じる能力が残ってればの話だがね」

(Oscar Wilde, *Collins Complete Works of Oscar Wilde*, 5th ed., Glasgow: HarperCollins, 2003, pp. 18–19)

あった、あった。名言はこんなところに隠れていたのだ！

ところで、ワイルドの童話や短編小説には不思議な味わいのものが少なくない。「アーサー・サヴィル卿の犯罪」は推理小説もどきの中編である。「義務の研究」という副題がついたこの小説は、手相術師に殺人の相があると言われた若い貴族が、その予告に呪縛《じゅばく》されて、義務感から殺人を犯す物語である。冒頭はロンドンで開かれた豪勢な夜会。きら星のごときひとびとが描写された後、主催者であるウィンダミア夫人の輝くばかりの美しさが讃美される。そして、見事な金髪が彼女の顔に与える聖女らしい雰囲気と罪人めいた魅惑が語られ、こうつけくわえられる——

> 彼女は、心理学上の生きた研究対象だった。若い頃、**軽率ほど無垢《むく》にそっくりなものはない**(3)という重要な真理にめざめて以来、数々の悪ふざけを繰り返してきた結果、この女性は、個性派と呼ばれるにふさわしい特権をことごとく獲得したのである。ダンナを取り替えたのも一度ではない。『デブレット貴族年鑑』には、彼女は三回結婚したと書いてあるが、愛人はずっと変えていない。世間はとっくの昔に、彼女につい

て醜聞を言い立てるのをやめていた。四十歳、子供はなし。快楽を求める度外れた熱望が若さを保つ秘訣《ひけつ》であった。（Wilde, p. 160）

このウィンダミア夫人が近頃お気に入りの手相術師が、アーサー卿の人生を混乱させる張本人となるのだが、詳しくは小説を読んでいただくことにしよう。

それはともかくちょっとおもしろいのは、「ウィンダミア夫人」という名前の登場人物がワイルドの他の作品にも出てくるという事実。『ウィンダミア夫人の扇』という、社交界を舞台にした風俗喜劇がある。ワイルドの出世作であるこの作品に登場するウィンダミア夫人はしかし、まじめ一点張りの年若い貴婦人だ。結婚して二年、生後六ヵ月の赤ちゃんがいる彼女は、夫が浮気をしているという噂《うわさ》に翻弄《ほんろう》される役回りである。しかも彼女は、さきに紹介した同名の夫人とは正反対で、貞節を絵に描いたような人柄である。

じつはこの喜劇の第三幕に、リストに掲げた警句が三つも登場する。ちょっと舞台を覗《のぞ》いてみよう。だいぶ酒を聞こし召した紳士たちが真夜中に談論風発を楽しんでいる場面で、口から先に生まれてきたようなセシル・グレアムがつぶやくのが、**他人に同意されるといつも、わたしは自分が間違っているに違いないとおもう**[4]（Wilde, p. 451）というセリフである。その少し後に、すべてのセリフが警句でできているかのようなやりとりが出てくる――

ダーリントン卿　君たちはじつに皮肉屋だなあ！
セシル・グレアム　皮肉屋って誰のことです？（と言いながらソファに腰を下ろす）
ダーリントン卿　**皮肉屋というのは、あらゆるものの値段を知っているのにそれらの価値がまるでわかっていない人間のことだよ**(5)。
セシル・グレアム　となると感傷家は、ねえダーリントン、あらゆるものに破格の価値を認めながら、それらの市場価格はひとつもわかってない人間ってことになりますね。
ダーリントン卿　君はいつも楽しませてくれるよ、セシル。まるで豊富な経験の持ち主みたいな口ぶりでさ。
セシル・グレアム　だって豊富な経験持ってるから。（暖炉の正面へ行く）
ダーリントン卿　君、まだまだ若すぎるぞ！
セシル・グレアム　おことばですが大きな間違いですよ。経験というのは人生をめぐる直観の問題ですから。ぼくにはそいつがあるんです。タッピー（オーガスタス卿のこと〔引用者注〕）にはそれがない。経験とはタッピーが自分の間違いにつける名前なんです。以上。

オーガスタス卿、憤然としたようすであたりを見回す。

ダンビー　**経験とは誰もが自分の間違いにつける呼び名である**[6]、と。

（Wilde, pp. 452-453）

軽口を叩《たた》き合ってるなかに、人生のひんやりした現実が透けて見えるようなやりとりである。スキャンダルの危機をかいくぐりながら、秘められた母性愛と夫婦愛がかいまみえる大団円へ向かうこの芝居は、停滞していたヴィクトリア朝イギリス演劇を復興させる契機になったと言われるほどの傑作である。ユーモアを込めて人間の本質を描き出した風俗喜劇の世界をお手軽に楽しむ方法としては、映画『理想の女《ひと》』（マイク・パーカー監督、スカーレット・ヨハンソン主演、二〇〇四年公開）がおすすめだ。『ウィンダミア夫人の扇』に描かれたロンドンの社交界を、南イタリアの避暑地アマルフィに置き換えたこの映画は、あふれんばかりのメロドラマ性で見る者を魅了する。

さらにいくつか、警句の出典を駆け足でご紹介しよう。

全盛期のワイルドがたてつづけに発表した風俗喜劇のひとつに『理想の夫』がある。後ろ暗い過去のためにイギリスを捨て、長いことウィーンで暮らしたチーヴリー夫人が久々にロンドンを訪問している。貴族の田園屋敷へ来ませんかと誘われた彼女は、こんな憎まれ口をきく――「まっぴらごめんですわ！　イングランドのお泊まり接待会はもうたくさん。この国ではみなさん朝食のときに当意即妙なところを見せようとなさるんですから。魅力のかけらもありません！　**朝食の食卓で当意即妙なのは決まって退屈な人物です**(7)」（Wilde, p. 525）。

微笑、苦笑、哄笑《こうしょう》を誘うくすぐりをちりばめたこの作品は息をつかせぬジェットコースターみたいな芝居だが、これも『理想の結婚』と題された映画（オリヴァー・パーカー監督、ケイト・ブランシェット主演、一九九九年公開）でエッセンスを楽しむことができる。ワイルドの時代の社交界を描く時代考証がゆきとどいた秀作で、キャスティングもすばらしい。

「**知っておくべき価値のある事柄は、おしなべて教えることができない**(8)」（Wilde, p. 1114）と「**罪というべきものは愚鈍以外にない**(9)」（Wilde, p. 1153）は、ワイルドの長編批評「芸術家としての批評家」の中のことばである。ふたりの知識人が夜を徹して延々と議論し続けるこの力編には書き写したくなる警句が山ほど出てくるけれど、先を急ごう。

あともういくつかだけ。ワイルドは自作の警句を寄せ集めて「若者のための成句と哲理」と題した記事を、『カメレオン』という小さな雑誌に発表している。「**育ちのいいひとは他人と意見がぶつかる。賢いひとは自分自身とぶつかる**(10)」（Wilde, p. 1244）は、その記事の中にある。「時とは金の浪費なり」とか、「ひとはいつも少しだけ、信じがたいほど変わっているのがいい」とか、「愚鈍はマジメの成人式」とか、ひとを食ったことばがたくさん入っていて、何度読んでも飽きることがない。

最後のひとつ。「**人生は複雑ではない。わたしたちが複雑なのだ。人生は単純であり、単純なものは正当なものである**(11)」（Wilde, p. 514）ということばは、ワイルドが服役中のレディング監獄から、何かと頼りにしていたロバート・ロスに宛《あ》てた手紙の中に見つかった。日付は一八九七年四月六日。五月十八日には出獄することになるので、刑期も終わりに近づいた頃の手紙である。ロスが間違った判断をしたことを少々責める文章に混じって、右の一節が出てくる。生きていれば誰しもわかることだが、人生というのはしだいに複雑になっていくばかりである。ところがそれは人生のせいではなくぼくたち自身の責任だというのだ。なんだか切なくなる名ゼリフではないか。ワイルドよりも十五歳年下のロバート・ロスは、ワイルドにとって同性愛の最初の相手だったと伝えられる人物。ワイルドの死後、遺児たちの養育、遺稿の管理などをまめまめしくおこない、ワイルドの最初の全集を編集したことでも知られている。

7　三〇年ぶりの大雪——アッシャーズ・アイランド、ダブリン

　何年か前、ダブリンに住んでいたときの話である。一月一日、朝早く目を覚まして寝室のカーテンを開けたら、一面の銀世界だった。その日からローマ見物に行くことになっていたので、バスで空港へ向かった。何事もなく空港に着いて、航空会社のカウンターへ行ったら、大雪のためについさっき滑走路が閉鎖になったと言われた。たいした積雪には見えなかったけれど、ダブリンではめったに雪が積もらない。「三〇年ぶりの大雪だそうですよ。今朝の新聞で読んだのだけど、アイルランド全土に雪が降っているんですって」——どこからかそんな声が聞こえた気がした。半日近く待たされ、たらい回しにされたあげく、ようやく二日後に発《た》つローマ便のチケットを手に入れてフラットへ帰った。

　翌日はまるまる空いてしまったので、雪景色のダブリンを横断する長い散歩に出た。「三〇年ぶりの大雪だそうですよ……」というささやき声がどこからか聞こえ続けていた。リフィー川南岸タウンゼンド通りのフラットを出発し、川に沿って西へ西へと歩き、お気に入り

のパブに立ち寄って遅めの昼食を摂《と》った。リフィー川を渡る旧街道の橋のたもとにあるこの店は、ダブリン最古——創業は十二世紀末にさかのぼる——と伝えられるパブで、屋号はブレイズンヘッド。暖炉の火を眺めながら、ボイルした熱々の巨大ソーセージとマッシュポテトにグレービーがたっぷりかかったひと皿を、ギネスでぐいぐいとお腹の中へ流し込む。すると幸せな気持ちがふつふつ湧いてくる。体が芯から暖まったところで、川沿いをさらに西へ進み、アッシャーズ・アイランドへたどりついた。この土地はその昔アッシャー家が所有する川中島だったが、岸壁が整備されて地続きになったのだそうだ。

アッシャーズ・アイランド一五番地。何を隠そう、今日の散歩の目的地はこの家である。川に向かって建つ、レンガ造り四階建ての古ぼけた家。「三〇年ぶりの大雪だそうですよ……」はここから聞こえてきていたのだ。玄関の石段と舗道のあたりに雪が消え残っているのを目にしたら、知りもしない過去——しかも虚構の中のできごと——が急に懐かしくなった。一九〇四年一月六日。新年早々のあの日こそ、三〇年ぶりの大雪だった。名匠ジョン・ヒューストン監督の遺作となった映画『ザ・デッド／『ダブリン市民』より』(一九八七年公開)はこの家で撮影された。ジェイムズ・ジョイスの短編集『ダブリン市民』の一番最後に置かれた「死者たち」が原作である。映画は小説の筋書きをほぼ忠実になぞっているので、あらましを紹介してみよう。

映画『ザ・デッド』が撮影された、「死者たち」の家

雪が降りしきる夜、この家に馬車が次々と到着するシーンから映画ははじまる。モーカン家の老いた姉妹ケイトとジュリアが毎年、クリスマスの季節が終わるこの日にパーティーを主催しているのだ。ふたりと同居しているメアリー・ジェーンはピアノの先生をしている。親戚《しんせき》、友人、ピアノの生徒などがぞくぞくと訪れて、二階の広間——と言ってもこの家はカトリックの中流家庭だから質素なしつらえだが——でダンスがはじまり、合間に詩の暗唱や歌が披露される。アルコール依存症で母親に頭が上がらないフレディ、ひとりだけプロテスタント信徒のミスター・ブラウン、アイルランド文化復興運動の活動家ミス・アイヴァーズ、気鋭のテナー歌手バーテル・ダーシ

ーなど、それぞれに物語を抱えていそうな客たちが登場するなかで、中心となるのはモーカン姉妹の甥で大学講師をしているゲイブリエル・コンロイと妻のグレタだ。

ゲイブリエルは自分の地位と教養に満足している一方、気が弱いところもある人物で、食後にする予定のスピーチの内容が一座の耳にふさわしいどうか、直前まで気に病んでいる。ゲイブリエルのスピーチは結局、凡庸なご機嫌取りに過ぎないとわかるものの、かえってそれゆえに一同の大喝采《だいかっさい》を得て、パーティーは終盤へ向かう。ところがお開きの間際に、バーテル・ダーシーが何やら切ないような歌詞の歌を歌い出し、階段の途中まで下りかけていたグレタがその歌声に釘付《くぎづ》けになる瞬間から、物語の風向きが急変する。お開きの後ゲイブリエルとグレタが乗った馬車は、ぼくが雪の日にたどった散歩道をほぼ逆にたどって、オコンネル大通りのホテルへ向かう。

ホテルの部屋に着くと、妻に欲情を募らせているゲイブリエルに向かって、グレタが思わぬ告白をはじめる。ついさっき耳にしたのは「オーリムの乙女《おとめ》」という民謡で、アイルランド西部で育った少女時代に、その歌をよく歌っていた少年を知っていたという打ち明け話。「線の細い《デリケート》」男の子だったという。ジョイスの原作から少し拾い読みしてみよう――

――彼は死んだわ、とグレタがついに言った。たった十七歳で死んだの。あんなに若くて死ぬなんてひどいと思わない？

——職業は？　皮肉っぽい口調のままでゲイブリエルが尋ねた。

——ガス工場で働いてたわ、と彼女が答えた。

皮肉が通じなかった上に、死者たちの中から呼び出されたのがガス工場で働いていた小僧っ子だと聞いて、ゲイブリエルは侮辱されたように感じた。ふたりだけが知っている思い出にひたり、やさしさと喜びと欲情にうつつを抜かしている彼の脇で、妻は密《ひそ》かに彼と別の男を較べていたのだ。慚愧《ざんき》の念が彼を襲った。おばたちの使いっ走りをする滑稽《こっけい》なやつ、低俗な連中を相手に演説をぶち、道化じみた肉欲を美化するお人好しの感傷家、鏡にちらっと映った惨めな間抜け、それが自分だ。彼は本能的に、今までよりもいっそう光に背を向けて、額に燃えさかる恥辱を妻に見られないようにした。

彼は冷淡に尋問する調子を失うまいとしたが、実際に口から出た声は、卑屈で貧弱に響いた。

——そのマイケル・フューリーというやつを君は愛していたんだね、グレタ、と彼は言った。

——あの頃は仲良しだったのよ、と彼女が言った。

その声は不明瞭で悲しげだった。ゲイブリエルも、最初考えていた方向へ妻を誘い込むのはとうてい無理だと観念して、妻の手をさすりながら悲しげに言った。

――そいつはなんでそんなに若いのに死んだんだい、グレタ？　結核かな？

――彼はわたしのために死んだんだと思うの、と彼女が返した。

(James Joyce, *James Joyce's Dubliners: An Annotated Edition*, eds. J. W. Jackson, et al., London: Sinclair-Stevenson, 1993, pp. 194-195)

この後グレタは、自分がダブリンへ上京する前の晩、氷雨《ひさめ》の中を震えながら会いに来たマイケルの悲しげなようすを夫に語って聞かせる。ジョイスもヒューストン監督もおせっかいな説明はしないけれど、マイケルの悲壮な姿が、「オーリムの乙女」の歌に出てくる、禁断の恋の果実である赤ん坊を抱いて屋敷の玄関を叩く娘の姿と重なっているのがわかる。マイケルはグレタが去って一週間後に死んだのだという。ふたりは、いわばロミオとジュリエットのような恋をしたのである。

自分がいかに俗物だったかを思い知らされ、どれほど嫉妬してもとりかえしがつかないことを悟ったゲイブリエルの落胆は深い。その落胆が妻への奇妙な哀れみに変化し、おもいやりの涙へと変容していくところが、小説・映画それぞれの見どころである。社会的な特権と凡庸さとをあわせもつ男の心がそこへいたるまでの道筋に、人間はあまねく死んでいく存在だという洞察が横たわっている。小説も映画も、明け方の薄明の中でまどろむアイルランドに、三〇年ぶりの雪が降りしきる場面でしめくくられる。

そう、新聞は正しかった。雪がアイルランド全土に降っていた。暗い中部平原にくまなく降り、樹木のない丘の上に、アレンの沼地にやさしく降り、もっと西の、御しがたいシャノンの暗い川波にひっそりと降りかかる。マイケル・フューリーが眠る、丘の上の淋しい墓地にもくまなく降っている。歪《ゆが》んだ十字架と墓石の上に、小さな門の穂先の上に、不毛な茨《いばら》の上に、分厚く積もっている。雪が降るかすかな音を聞きながら、ゲイブリエルの魂のほてりがゆっくりと消えていく。かすかな音をたてて、雪が宇宙に降っていた。生者と死者すべての上に降りそそぐ、最後の時の到来を告げるかのように。

(Joyce, *Dubliners*, p. 198)

静かで、たとえようもなく美しい幕切れのシーンである。だが、死んだ若者と生きている夫と地上の万物の上に、へだてなく降り積もる雪が象徴するものの正体を、いったい何と名付けたらいいだろう？　ぼくにはまだ答えが見いだせない。ヒューストン監督の映画は物語を比較的直截《ちょくせつ》に語ってくれるけれど、ジョイスの「死者たち」をていねいに読んでみると、さまざまな要素がお互いを微妙に裏切りあい、宙づりにしあいながら文章がすすんでいき、それでいて宇宙の秩序は決して崩れないまま、森羅万象《しんらばんしょう》が雪に埋もれ、ゆっくりと時に押し流されていく感じがする。アッシャーズ・アイランド一五番地の家の前に突っ立ったまま、ぼくは甘美な失語を楽しんでいた。

リチャード・エルマンが書いた評伝によれば、ジョイスは一九〇六年夏から翌年にかけて半年間ローマで暮らし、文学的には見るべき成果がなかったものの、「死者たち」の構想だけはその期間に暖めて、トリエステへ帰ってから苦労せずに書き上げたらしい。あの日、たまたまローマへ行こうとしていたぼくが足留めを食ったのはまったくの偶然だが、その偶然をときならぬ大雪と一緒くたに「死者たち」の世界にまぶしてみたら、いささか強引ではあるけれど、この小説に近づいたような錯覚を味わうことができた。夕闇《ゆうやみ》が迫る頃、ぼくは馬車ならぬ路面電車に乗ってタウンゼンド通りのフラットへ帰った。「三〇年ぶりの大雪だそうですよ……」とつぶやく声はもう聞こえなくなっていた。

8　至福の昼食そのほか――グラフトン通り界隈、ダブリン、およびホウス岬、ダブリン州

ジェイムズ・ジョイスは、恐ろしく凝縮されたスタイルと内容を持つ長短の小説に、生まれ故郷であるダブリンの町を詰め込んだ。若くしてダブリンを離れ、ほとんどの作品をヨーロッパ大陸で執筆したにもかかわらず、彼の小説にはダブリンの通りや店のたたずまい、看板や通行人、飲食物や娯楽や生活習慣にいたるまで、実在の事物に即した細部が書き込まれている。幸いジョイスの時代のダブリンの名残《なごり》は現在でもかなり残っているので、小説を注意深く読みさえすれば――しばしばよいガイドブックの助けも欲しくなるとはいえ――、登場人物たちが徒歩や馬車や鉄道で移動した経路をたどったり、彼らが立ち寄った場所を巡歴したりすることが可能である。

ダブリンを訪れる旅行者のなかには、にわかジョイス・ファンになって文学探偵を試みるひとが少なくない。もちろんジョイス文学の敷居は雲を突くほど高い。二〇〇〇年前後に英語圏のあちこちで〈後世に残したい二十世紀の文学〉というたぐいのアンケートがおこなわ

れたとき、いたるところで一位をさらった大長編『ユリシーズ』を本気で読破しようとすれば、文字どおり一生の仕事になってしまいかねない。とはいえ、『ダブリン市民』におさめられた短編なら一生を捧げる覚悟などせずとも読み終えられるし、だいいち、さわりの部分を試食するだけなら怖れるには及ばない。たとえばこんな一節はどうだろう——


　チーズってのは自分自身以外ぜんぶ消化するんだ。すばらしきチーズ。

——チーズのサンドイッチはあるかな？

——ございます。

　オリーブもあったら少し食べよう。イタリアのがいい。グラス一杯のブルゴーニュ・ワインが憂さをはらしてくれる。潤滑剤だよ。サラダも。キュウリみたいにひんやりと。トム・カーナンの料理は隅に置けない。うまいんだ。ピュア・オリーブ・オイル。ミリーが運んできたあのカツレツにはパセリが添えられてたっけ。スペイン産のタマネギをおひとつどうぞ。神が食物をつくり、悪魔が料理人をつくった。悪魔が味付けした《からくてうまい》蟹《かに》。

——奥さん元気か？

——元気だよ、ありがと。……それじゃあチーズサンドイッチをください。ゴルゴンゾーラはあるかな？
――はい、ございます。
ノージー・フリンがグロッグをちょいとすすった。
――奥さん、最近歌ってるかい？

(James Joyce, *Ulysses*, ed. Hans Walter Gabler, New York: Vintage Books, 1986, p. 141)

じつはこれは、『ユリシーズ』のかなり有名な一節。ご覧の通りおいしくつまみ食いできる部分もあるのだ。舌なめずりする心の動きがだだ漏れになっているのは、世界一有名な〈しがない広告取り〉レオポルド・ブルーム氏。たまたまパブで行き会った知り合い、ノージー・フリンとの会話がこれからはじまろうとする場面である。外回りの営業に慣れているブルーム氏は、注文のしかたがさすがにこなれている。じつにシンプルでうまそうな昼食だ。舞台はデイヴィー・バーンズという店。〈ケルティック・タイガー〉のバブル景気華やかなりし二〇〇〇年頃にはヨーロッパ一家賃が高かったと言われるグラフトン通りから横へ折れた、デューク通りに昔から店を構えている。ジョイス・ファンはブルームの至福の昼食にあやかろうとして、デイヴィー・バーンズを訪れる。いざ店に入ってみると屋号以外昔の面影などはなく、地元のビジネスマンでにぎわっているパブなのだが、今でもちょっとした食事がうまい。ブルームの内的独白にもちらりとでてくる蟹肉のオープンサンドなどは、（からい味付けではないものの）ダブリンでも指折りの一品ではないかとかねがね思っている。

デイヴィー・バーンズでは失われて久しい、ジョイスの時代のパブの内装を見物するには、二本隣の横丁を入った角に建つキョーズへはしごするのがいい。おしゃれな街並みの中に、ペンキを幾層にも塗り込めた木製の外枠がいかにもがたぴししたパブが紛れ込んでいるのはたいそう目立つ。急ぎ足でハイパーモダンに衣替えした街角に、ハンチングをかぶった老人がたたずんでいるようなものだ。ハイカラなワインではなくギネスが似合う店である。十九世紀から二十世紀はじめにかけて食料品店を兼業していた頃の内装がタイムカプセルみたいにほぼ手つかずで残るキョーズは、地元のひとが集まる店だ。古い観光写真で見るようなハンチングの老人が出没して、遠来の旅人を迎えてくれる確率が高い。旅程がたてこんでさえいなければ、一杯おごって長々しい話《ヤーン》——糸を紡ぐようにあることないことが連なっていく話である——につきあってみるとおもしろい。黒い液体の酔いが体にゆきわたるにつれて、ジョイス的生活を追体験できる極小テーマパークが身の回りに立ち上がってくるはずである。

ジョイス・ファンにはよく知られたパブがもう一軒ある。グラフトン通りを北へ向かい、トリニティ・カレッジの正面を過ぎて、小さな映画館が角にあるホーキンズ通りをさらに北へ進み、リフィー川へ出る一本手前のプールベッグ通りへ右折する。デイヴィー・バーンズからゆっくり歩いて六、七分、たいそう地味な界隈にあるのがマリガンズという店である。プールベッグ通りという地名は英語の「プール」（水たまり）とアイルランド語の「ベグ」（小さい）の混成語だから、かつてはリフィー川がこのあたりによどみをつくっていたに違いない。そういえばここは、昔から本物の酒好きがよどむ店だ。今は淋しいホーキンズ通りにはジョイスの時代から一九六〇年代までオールド・ロイヤル座という劇場があり、プール

上／デイヴィー・バーンズの店内
中／ホウス岬
下／ギネスとサンドイッチ

ベッグ通りには夕刊紙の新聞社もあったので、マリガンズは客たちの談論風発が絶えない店だった。

〈本物の酒飲みは立って飲むものだ〉という信条のもとにかつての店主が腰掛けを置かなかった名残で、マリガンズの店内は今でも殺風景である。奥の別室にはテーブルと椅子があるものの、通りに面した表の部屋は西部劇に出てくるサルーンみたいな、がらんとした空間なのだ。今も立ち飲みを苦にしない客が多く、夜が更けるにしたがって満員電車みたいになっていく。混み合う時間帯に長居するには体力がいる店だが、これはこれで、ジョイスの時代の酒場の面影を色濃く残しているのである。

『ダブリン市民』の真ん中あたりに入っている短編「対応」を拾い読みしてみよう。主人公ファリントンはトリニティ・カレッジの正門に近い事務所で働く妻子持ちの男である。勤務時間中に抜け出して一杯やらずにいられないほど酒におぼれかかっている上に、書類づくりの手際が悪くてミスをしがちなので、上役から睨《にら》まれている。そのファリントンが二月のある寒い夕暮れに、しくじりをしでかしたまま事務所を飛び出し、懐が淋しかったので懐中時計を質に入れ、手に入れた現金で痛飲するという物語である。彼はまずデイヴィー・バーンズへ行くのだが、「店のいつもの片隅」には驚いたことに、さきほど引用した『ユリシーズ』の一節でブルームに「奥さん元気か?」と話しかけていたノージー・フリンが腰掛けている（ジョイスは異なる小説に同一の登場人物をちりばめてくれているので、読者はページの上でなつかしい顔に出会うと、本物のダブリン暮らしをしているみたいな錯覚に襲われる）。ファリントンとノージー・フリンが酒をおごりあっているうちに、他にもいろいろな友達がやってくる。ファリントンが上役をやり込めた話を繰り返すと座は盛り上がるものの、本人はまだ飲み足りない。

ポケットにはたんまり金が入っているので、ファリントンは何人かを引き連れてスコッチ・ハウスへ行き、みんなにおごり、その後、マリガンズへはしごする。そうして店の奥の別室に陣取り、その場で知り合った客を含む大勢に酒をふるまい、あげくのはてに腕相撲をして見事に敗北する。友人たちは、負けたファリントンの顔に浮かんだ「凶暴な表情」を見逃さず、さっさと解散してしまう。店を出て、深夜の町にひとりぼっちで取り残されたファリントンの姿は無惨である。突き放したようなジョイスの散文が光る一節なので吹き替えておこう――

ひどく機嫌の悪い顔をした男がオコンネル橋のたもとに突っ立って、家へ帰るために、サンディーマウント方面へ向かうちっぽけな路面電車を待っていた。怒りと復讐《ふくしゅう》心がはちきれんばかりに鬱積《うっせき》していた。屈辱と不満が渦巻くばかりで、酔いさえ感じなかった。しかもポケットには二ペンスしかない。男はすべてを呪《のろ》った。事務所ではしくじり、時計を質に入れ、現金をすべて使い果たしたのに、酔ってさえいないのだった。彼は喉《のど》が渇き、暑苦しくて酒臭いパブへ戻りたくなった。小僧っ子に二度も負けて、強い男だという評判まで台無しになってしまった。（Joyce, *Dubliners*, p. 84）

この後、酔っぱらった父親は帰宅して、何も悪いことをしていない自分の息子をステッキで打ち据えて憂さを晴らす。たいそう後味の悪い話だけれど、これもまたジョイスがあばいてみせる、人間存在の赤裸々な一面なのだ。

口直しにレオポルド・ブルームの昼食シーンへ戻ることにしよう。彼は窓の外を眺めながら、ゴルゴンゾーラチーズのサンドイッチとブルゴーニュ・ワインを楽しんでいる。ワインのほろ酔いが呼び起こすのは、妻モリーに求愛したときの思い出である——

深紅に燃えるワインの後味が、飲み込んだ後も口蓋《こうがい》に残った。ブルゴーニュのブドウを搾り器でつぶす。まさにそれは太陽の熱。ひそやかな感触が記憶を語る。触れられた官能がしめって、ふと思い出す。ホウス岬の野生の羊歯《しだ》に隠れたふたりの足元で、湾がまどろんでいる。空。無音。ただ、空。獅子頭《ライオンズ・ヘッド》では湾は紫。ドラムレックあたりでは緑。サットンに近くなると黄緑。海底の野原。海草にかすかな褐色の線。水没した都市。俺のコートを枕にあの娘《こ》の髪。彼女のうなじを支える俺の手に、ヒースについたハサミムシがごそごそ動く感触。めちゃくちゃになっちまいそうだ。おお、すごいぞ！　化粧クリームをつけたひんやりやわらかい手が俺に触れた。愛撫《あいぶ》してる。あの娘は俺をじっと見つめたまま目をそらさなかった。俺はもう夢中だった。目のすぐ下にあの娘の顔があったから、大きく開いたぷっくりした唇にキスしたんだ。

(Joyce, *Ulysses*, p. 144)

有頂天と言うべきこの場面の背後には悲しみが隠されている。というのもブルームの妻モリーは今浮気をしており、夫がワインの力を借りて至福の記憶を反芻《はんすう》した数時間後、自宅の寝室に間男を招き入れることになるからだ。

ホウス岬は、ダブリンの中心街から電車でもバスでも三〇分あまりで行ける海浜の行楽地である。ヒースと羊歯が茂る岬の崖上を散歩しながら、ブルームの甘くほろ苦い心模様を反芻すれば、ジョイス文学散歩のフィナーレとしては申し分ない。歩き疲れても心配ご無用。港の周辺には心と胃袋を楽しませてくれるパブがいくらでもある。

9　ベアトリーチェが間借りした部屋——ピアース通りとタウンゼンド通り、ダブリン

サミュエル・ベケットの文学は『ゴドーを待ちながら』をはじめとして、演劇でも小説でも、実在の場所を前提としない空間で起こる人間ドラマを描いたものがよく知られている。だがしかし、ダブリンの郊外に生まれ、ダブリンの名門トリニティ・カレッジを卒業した彼が、生まれ故郷のことを全然書かなかったかというとそうでもない。若き日のベケットのヒーローはジェイムズ・ジョイスだった。ベケット青年はジョイスの後追いをするかのように、一九二八年、二十二歳のときに英語教師としてパリへ赴任した。パリではすぐにジョイス本人と会見し、その後しばらくの間、目が悪いジョイスの助手をつとめたり、ジョイス作品のフランス語訳を手がけたりもしている。

一九三四年、ベケットはロンドンではじめての小説を出版した。『蹴《け》り損《ぞん》の棘《とげ》もうけ』と題されたこの本は、ダブリンを舞台にした連作短編集である。ジョイスを思わせる手法で町がふんだんに描かれていたが、皮肉なことに出版検閲が厳しかったアイルランドでは出版直

後に発禁処分となった。それだけではない。『蹴り損の棘もうけ』は初版が出た後、ベケット自身の意向により一九七〇年まで長らく絶版だったため、幻の処女作とされていた。だが今では簡単に手に入る。主人公はダンテの『神曲』煉獄《れんごく》編第四歌に登場するベラックワという人物で、この男がダブリンを歩き回る。煉獄編では胎児のようにうずくまっているので〈怠惰〉を絵に描いたような男だが、ベケットが描くベラックワは「止まらずに動き続ける」強迫観念にさいなまれ、心身共にさまざまな患《わずら》いを抱え込んだ人物である。

次に引用するのは「雨の夜」という短編の一節。トリニティ・カレッジのすぐ脇の、いつも騒々しくて情緒のかけらもないピアース通りを歩いていく、ベラックワの心中を描いた文章である。この通りにはフィレンツェのシニョーリア広場にあるヴェッキオ宮殿を模した赤レンガ造りの消防署があるため、ベラックワの夢想の中ではフィレンツェそのものに化けている。彼の夢想はダブリンの喧噪《けんそう》をよそにルネサンスの都へ飛び、足取りも優雅に散歩していく。彼の目には、汚いリフィー川さえアルノ川みたいに見えているのだ――

それから彼は心の中でゆっくりと、よそよそしいウフィッツィ宮殿を抜け、アルノ川沿いの欄干《らんかん》がついた塀へ出て、さらに歩いていく。こんな愉悦《ゆえつ》を与えてくれるのは通りの向かい側に立っている消防署のおかげである。この建物はあちこちヴェッキオ宮殿を丸写しにしているのだ。サヴォナローラを尊敬してるってことかね？　あははは！　何はともあれこうやって歩いていればホメロス的な時間がきっちり消費されて、夕闇が通りを浸していく。おまけに喉がからからに渇いてくるから、通り沿いの卑賤《ひせん》な店にふらりと入るにも好都合である。食料雑貨を並べている表のドアがまだ開いているようなら、そちらから入って、奥の酒場へ行くという寸法だ。

(Samuel Beckett, *More Pricks than Kicks*, London: Faber, 2010, pp. 44-45)

この「ホメロス的な時間」というあたりにジョイスの『ユリシーズ』へのオマージュが込められているように思うのだが、考えすぎだろうか？　いずれにせよピアース通りの雰囲気は現在でもほとんど変わっていない。そしてぼく自身もこの冴えない通りに深い愛着を抱いている。何を隠そう、フィレンツェふうの消防署を挟んですぐ隣のタウンゼンド通りに住んでいたことがあるからだ。

次に引用するのは、短編小説「ディーン・ドーン」に出てくるピアース通りである。悲惨な交通事故とその直後に目撃される冷酷な人間の行動が、ショートフィルムを見るように生け捕られている。

車道には一日中、赤や青や銀色やらのバスがひしめいていた。そんなバスの一台に、幼い女の子が轢《ひ》かれた。ベラックワはちょうど鉄道の高架橋の近くまで歩いてきたところだった。女の子はヒベルニア乳業でミルクとパンを買ってすぐ車道に飛び出した。お宝を抱えて、マーク通りの貧しい貸間へ記録破りのすばやさで帰ろうという子供心に駆られたのだ。上等な牛乳は路上にぶちまけられていたものの、パンのほうは無傷で、まるで誰かが二本の手でつまみあげて置いたかのように、歩道の縁石の上にちょこんと乗っていた。パレスシネマの入り口に並ぶひとびとの心は、順番を確保しようとする欲求とめったにない現場を見たい欲求とで、真っ二つに引き裂かれていた。彼らは最悪の事態が知りたいあまりに首を伸ばし、声を上げたものの、列からは動かなかった。ただひとり、列の尻尾《しっぽ》に近いあたりに突っ立っていた、真っ黒なブランケットをはおった身持ちの悪そうな娘がすうっと歩いていってパンをつかんだ。そうして誰にも見とがめられずに、パンをブランケットの内側へ隠すようにしながらマーク通りに向かい、マーク小路へ曲がって消えた。娘が戻ってきたときには、当然列は長くなっていた。とはいえ娘が抜かれた順番はわずか二、三ヤードに過ぎなかった。

(Beckett, pp. 34-35)

「マーク通り」や「マーク小路」は、よほど詳しい地図でなければ載っていない通り名である。ぼくがたまたまこれらの横丁を知っているのは、大通りを隔てたはす向かいに住んでいたせいで、いつもタウンゼンド通りを渡り、マーク小路を横目に見ながらマーク通りを抜けてピアース通りへ近道していたからだ。二本ともくすんだ、ひとびとが寄りつかない裏通りである。

悲惨な交通事故は「ディーン・ドーン」の前半で起こる。事故を目撃したベラックワの、その後の足取りを追跡してみよう。彼はピアース通りを歩き、マーク通りの先のロンバード通りへ曲がって一軒のパブに入る。そしていつものように黒ビール《ポーター》を注文し、目の前にグラスが届く。ところがそこから先、彼は金縛りにあったように動けなくなる。ベラックワは日々、世界が無言のうちに示してくれる「合図《サイン》」をたよりに行動してきたのだが、ここにいたって合図を見失い、グラスに手を伸ばすことさえできなくなってしまうのだ。

気が抜けていくビールのグラスをにらんだまま暗礁に乗り上げているベラックワの目の前に、得体の知れない女があらわれる。女はふだん着のことばづかいで「天国の座席券」を売っている。一等席が一枚二ペンス。ベラックワは「二枚もらっておくよ」と答えるが、女は引き下がらない。物語をしめくくる数行を書き写してみよう。

「あらま、ご冗談」と女が言った。「四枚買ったらいいでしょが。お友だちの分、お父っつぁんの分、おっ母さんの分、そいからいい女《ひと》の分も」

ベラックワは反論できなかった。そうするだけの気力がなかったのだ。彼はそっぽを向いた。

「イエスさまと」女がはっきり言った。「聖母さまが、おめさんの名誉守って下さりますように」

「アーメン」すっかり気の抜けた黒ビールに向かってベラックワが言った。

そうして女は立ち去り、自分の顔が放つ光に導かれて、間借りしている部屋があるタウンゼンド通りへ帰っていった。

一方、ベラックワはさらに少しとどまって音楽を聞いた。それから店を出て、川向こうのレイルウェイ通りへ向かった。

（Beckett, p. 39）

いささかあっけない幕切れだが、これはジョイスに倣ったベケットの作品なのだから、隠れた意味がありはしないか詮索《せんさく》してみる必要がある。

まず気になるのは、ベラックワが店に「少しとどまって音楽を聞いた」という部分。そもそもこの短編のタイトル「ディーン・ドーン」は、シェイクスピアの戯曲『テンペスト』の中で、空気の妖精《ようせい》エアリアルが歌う弔いの歌をもじったものだと言われている――「おまえの父さんは五尋《ひろ》の水底／骨はサンゴになりはてて／左右のお目々は真珠の玉だ（中略）海の精が集まって弔いの鐘を鳴らしているよ／ディーン・ドーン／ほら聞いて！　聞こえるだろう――ディーン・ドーンと鳴っている」（一幕二場）。エアリアルはこの歌を、父王が溺《おぼ》れ死んだナポリの王子ファーディナンドの耳に聞かせている。それをふまえて、気の抜けた黒ビールを前に音楽を聞いているベラックワを、ファーディナンドが零落した姿だとみる解釈がある。

　あるいはまた、「天国の切符」を売る女の顔が奇妙に輝かしく描写されているところも見過ごせない。「自分の顔が放つ光に導かれて」歩くというのはいかにも不思議である。引用よりすこし手前の部分を読むと、女は「中年を過ぎた」年頃だが、顔には「光と静穏《セリーン》があふれ、静穏《セレニッシメ》きわまるその表情には苦悩の影さえなく、まさにそれだけで注目に値するかんばせと称すべきだった」と表現されている。この輝かしさを根拠にして、彼女はダンテを天国へ導いたベアトリーチェの似姿だと解釈した研究者がいる。そして、ベアトリーチェと別れたベラックワは物語の最後にいたっても煉獄にくすぶったまま、ついに救済を得損なったのだと読む。それもそのはず、リフィー川の向こう岸の「レイルウェイ通り」というのは、ジョイスの『ユリシーズ』にも出てくる夜の町に他ならず、ベラックワは最後に淫売宿《いんばいやど》へ向かっているのだから、と。

こんなふうにちょっとした注釈を加えてみるだけでも、ベケットがジョイスの神話的方法に倣っていることがわかる。『ユリシーズ』の主人公、新聞の広告取りのブルーム氏が、ダブリンという小世界でオデュッセウスの大冒険を再演してみせたのと同様、ベケットのベラックワ君もシェイクスピア劇やダンテの『神曲』の崇高なサワリを、いたって下世話に繰り返してみせているのだ。何はともあれぼく個人としては、地上に降り立ったベアトリーチェがわがタウンゼンド通りに間借りしていると聞いただけで、なんだか誇らしい気分になる。「タウンゼンド」とは文字どおり「町はずれ」の意味で、リフィー川の河口に近いこの界隈はかつて場末であった。ピアース通りの裏で、消防署と警察署と新聞社ばかりが目立つタウンゼンド通りは今でもあまりぱっとしないけれど、便利で住みやすい通りではある。

蛇足をひとつ。ベラックワがベアトリーチェに出会ったパブがあるロンバード通りを直進して、リフィー川に出会う地点には、有名な劇作家にちなんで名付けられたショーン・オケーシー橋が架かっている。そのすぐ下流に最近、サミュエル・ベケット橋が完成した。ベケットはパリで長年暮らし、フランス語で多くの作品を書いたためにフランスの作家と思われている面もあるけれど、「じつは正真正銘のダブリンっ子ですよ！」と大きな声で繰り返しておこう。

10　語り出す数々の顔――ヒュー・レイン美術館、ダブリン、およびクロンファート、ゴールウェイ州

象牙《ぞうげ》色の大きなキャンバスに、上から三、四、三と三段に並んだ、全部で一〇の顔がこちらを見つめている。実物大の人間の顔だ。肌のぬくもりは感じられないものの、死んではいない者たち。表皮が剝《は》がされたか、あるいは剝がした表皮を裏側から描いているのか、ところどころ血管や筋肉や腱《けん》が浮き出し、震えているようにも見えるけれど、不思議に脅威は感じない。壁から浮き上がった一〇人の顔は安らかに瞑目《めいもく》している。と見えた次の瞬間、壁は無数の切り子面に分裂し、二〇の目がゆっくりと見開かれ、頰《ほお》に笑みが浮かび、口々になにかつぶやきはじめる（ように感じられる）。象牙色の炎にかすかな火の粉と煤《すす》が混じって揺らいでいる面々と見れば、サミュエル・ベケットの前衛劇『芝居』を思い起こさせるけれど、勢揃《せいぞろ》いした一〇人の口は繰り言をまくしたてそうな感じはしない。無数に重ねられた筆跡のブレから立ち上る顔は、フランシス・ベーコンの表現主義的な絵筆が生み出した人間を連想させもするが、いきなり叫び出しそうにも見えない。彼らはむしろ静かな声で語り出し、観《み》

る者から問いを誘い出したがるだろう。

ルイ・ル・ブロッキー（一九一六―）作、『クロンファートへの賛辞』（一九六五年）。ダブリンのヒュー・レイン美術館に掛かっている。クロンファートというのはゴールウェイ州東部に残る古い修道院遺跡で、アイルランド・ロマネスク様式で建てられた聖堂西正面の三角切妻壁《ペディメント》に人頭の浮き彫りがずらりと勢揃いしている。古代ケルト人の人頭崇拝がキリスト教彫刻と結びついた、典型的な作例とされている。

ル・ブロッキーはダブリンの裕福な文化人の家に生まれ、絵は独学で学んだ。長じてからは南フランスで暮らし、画家としても相応の評価を得ていたが、一九六三年、想像力の枯渇にさいなまれて、一年間に描いた作品をほぼすべて破壊した。翌年の冬、新しい出発の契機をもとめてパリへやってきた彼は、人類学博物館で開眼した。祖先の人頭に美しく彩色を施したポリネシアの呪物を見て、ケルトの人頭崇拝を思い合わせたのである――「ケルト人同様、わたしにも、人間の頭を魂が入った魔法の箱と見なす傾向があります。顔というのはうねったカーテンのようなもので、その波をかき分けて箱の中へ入っていけば、内側には魂の全風景が広がっているのです」（Louis le Brocquy, *Portrait Heads: A Celebration of the Artist's Ninetieth Anniversary*, Dublin: National Gallery of Ireland, 2006, p. 56）。この開眼の直後に描かれたのが『クロンファートへの賛辞』である。ル・ブロッキーは長いことフランスで制作したので、アイルランド人に多い〈エグザイル〉の芸術家である。四十歳代末にようやく、ケルト的なるものにつながる想像力の地下水脈を発見したのだ。以後彼は、人頭をモチーフにした連作を続々世に送り出す。〈祖先の頭部〉と題した初期のシリーズでは無名の頭部を描いていたが、一九六七年には偉大な〈エグザイル〉を描いた『ジェイムズ・ジョイスの修復された頭部』が生まれた。それからはW・B・イェイツ、サミュエル・ベケット、フランシス・ベーコン、シェイマス・ヒーニー、オスカー・ワイルド、U2のボノなど、きわだった存在感を発揮するアイルランド人たちの「魔法の箱」をおびただしく描いてきた。

筆触のブレの集積からなる人頭を描き、たがいに似てはいるもののひとつひとつがオリジナルであるポートレイトを多数描く理由について、画家本人はこんなふうに述べている——

写真と映画が片方にありもう一方には心理学があるので、私たちはもはや人間存在を不動の実体としてとらえることはできません（中略）唯一決定的なイメージの代わりに、一連の確定しないイメージ群をおいてみると、ルネサンス的な意味における決定的な表明としてではなく、つねに変動する概念としてイメージを知覚できます（中略）他方、反復というのは線的な思考ではなく円環的な思考を暗示します。反復とはリアリティをメリーゴーラウンドのように解釈するということであって、どの地点からでも参入・退出ができる全体性、すなわち別の形をした〈完結〉を意味するのです。興味深いことにこの反ルネサンス的な傾向はアイルランド的な伝統の中にはあちこちに顔を見せています。『ケルズの書』や『リンディスファーン福音書』のようなケルト装飾写本しかり、『フィネガンズ・ウェイク』しかりです。（le Brocquy, p. 60）

ル・ブロッキーの絵画は文学的な想像力と相性がいい。詩人トマス・キンセラがアイルランドの古い英雄物語『トーイン』を英訳して六九年に出版したさいには、ル・ブロッキーは多数の挿絵を提供した。また、九五年にノーベル文学賞を受賞したシェイマス・ヒーニーも、長年この画家と親交がある。ル・ブロッキーはインタビューの中で七〇年代半ば頃を回顧し、ベルファストからダブリンへ向かう列車の中でヒーニーと出会い、おしゃべりするうちにふたりともデンマークの考古学者P・V・グロブが書いた『泥炭地《ボッグ》に埋もれたひとびと《ピープル》』を読み終えたばかりだとわかった（le Brocquy, p. 66）、と語っている。ヒーニーの研究家がこの挿話を読めば、きっと息を呑《の》むだろう。というのも、泥炭地《ボッグ》から出土した鉄器時代の生《い》け贄《にえ》とおぼしき死体に想を得て、古代の儀礼と現代の暴力を結びつけたヒーニーの「泥炭地詩群《ボッグ・ポエムズ》」と、ル・ブロッキーの「修復された」人頭を描いた肖像画群を考古学のメタファーで結びつければ、たちどころにおもしろい論文が書けそうだからである。

11

湾岸を北上するソウルトレイン——DART《ダブリン地域高速鉄道》、ダブリン

——みんな乗ってくれ、とデコが言った。——「ナイト・トレイン」やるぞ。（中略）

デコの声がうなる——**コノリーを出発**——

ホールの列車はふと動きを止め、何がはじまるんだろうとみんなが耳を澄ました。

デコはDART《ダブリン地域高速鉄道》の駅を順々に北上していた。

——**キルスターまでチューチューがたごと**——

客たちが笑い出した。こいつは傑作。そうしてみんながステージへ上がってきた。

——**ハーモンズタウン、ラヒーニー**——

どよめきが上がった。

——**忘れちゃいけないキルバラック——ブルースの故郷だ**——

ダブリン・ソウルがおぎゃーと生まれたのだ。

（Roddy Doyle, *The Commitments*, London: Minerva, 1991, pp. 104-105）

ロディ・ドイルの小説、『ザ・コミットメンツ』のクライマックスからちょっとだけ吹き替えた。「ナイト・トレイン」は言わずと知れた「ファンキー大統領」ジェイムズ・ブラウンの力演で知られる名曲だが、マイアミを出発してボストンまで延々と北上する本歌の決めゼリフはもちろん〈忘れちゃいけないニューオリンズ、ブルースの故郷だ〉である。ヴォーカルのデコが地元のホールにつめかけた聴衆を巻き込んで歌っているのは、大西洋にのぞむアメリカ東海岸をひた走る列車を、ダブリン湾沿いにガタゴト北上する郊外電車DART《ダブリン地域高速鉄道》に置き換えた替え歌だ。この歌に込められたココロを解いてみたいと思う。

作者のドイルは一九五八年生まれ。ダブリン北部の下町キルバラックで育ち、大学を出た後、腕白たちが集まる地元の中等学校で英語と地理を教えながら小説を書きはじめた。処女作『ザ・コミットメンツ』は一九八七年に私家版で出版されたが、数年のうちにロンドンとアメリカの大手出版社からペーパーバック版が出てベストセラーになり、九一年にはアラン・パーカー監督が映画化した。キルバラック地区特有の口語があふれかえるこの小説は、労働者階級の若者たちがソウル・ミュージックをダブリンにローカライズして演奏するバンド、ザ・コミットメンツを結成する物語である。

ドイルがこの作品を書きつつあった頃、アイルランド共和国の景気は最悪だった。八七年

上／郊外電車DARTがひた走る、タラ・ストリート駅にて。この日も雨だった
下／DART車内。窓の外を眺める視線が寂しげだ

には失業者が全労働人口の一七％まで上りつめ、福祉援助の受給者がEC最大の七〇万人に達した。バンドのマネージャー役のジミー・ラビットは小説では勤め人だが、映画版では長いこと失業中で、福祉手当をもらいにいく若者である。その彼が、これからバンドを組もうとする仲間二人に向かってこう演説する――「自分の出身地について歌うべきだし、自分が属してる仲間について歌うべきなんだ。――さあ口を開け、大きな声で言ってみろ。俺は黒

人で、それが誇りだ。（中略）——いいか諸君、アイルランド人はヨーロッパの黒人だ。あまりに当たっていたので二人は息を吞んだ。——そんでもってダブリンの人間はアイルランドの黒人。ここじゃあ田舎もんがすべてを握ってんだぞ。もっと言えば、ダブリン北部の住人はダブリンの黒人だ。——さあ言ってみろ。俺は黒人で、それが誇りだって」(Doyle, *The Commitments*, p. 9)。この殺し文句もジェイムズ・ブラウン（J・B）のあからさまな流用で、「セイ・イット・ラウド」（大きな声で言ってみろ。俺は黒人で、それが誇りだ）といえば、反人種差別運動を牽引《けんいん》した六八年のヒット曲のタイトルそのものである。

音楽通のジミーはときどきJ・Bばりの説教を垂れながらバンドを率いていく。バンドの広告に使うことにした「世界でいちばん働き者のバンド」という宣伝文句は、J・Bの傑作アルバム『ライブ・アット・ジ・アポロ』で司会者が彼を紹介する口上のパクリだし、次のような演説のセリフもJ・Bになりきっている——「ソウルはひとびとのリズムだ、とジミーが繰り返した。——労働党はソウルを持ってない。アイルランド共和党にもソウルはない。（中略）——ダブリンの人間は、ってことは俺たちの仲間は、ってことだが、ソウルを求めてる。忘れちゃいけない。ソウルを持ってるのは俺たちなんだ」(Doyle, *The Commitments*, p. 40)。ジミーは、六〇年代後半のアメリカで黒人問題を背景に述べられた発言を不況にあえぐ二〇年後のダブリンへ横滑りさせ、アメリカが抱えていた人種差別問題を、ダブリン市民が抱える階級間格差へとたくみにすりかえている。

ジミーに賛同した仲間たちは、「ダブリン・ソウル」を歌うカバーバンドとして練習を積む。「バンドのオリジナル曲がないってのは情けないよな?」と誰かがこぼせば、他のメンバーが「俺たちはなんでもダブリン・スタイルでやるからオリジナルなんかいらねえんだよ」(Doyle, *The Commitments*, p. 82) と諭す。ザ・コミットメンツは「もじり」という魔法を使って、ローカルな音楽表現をグローバルでメインストリームなアメリカ大衆文化に接続した。そもそも失うものなど何もない彼らには、文化帝国主義に呑み込まれることへの恐怖や抵抗はない。彼らは流用と接ぎ木《つぎき》を繰り返す器用仕事で自分たちのアイデンティティーを雑種的に構築し、周縁から中心へ向けて音楽を投げ返してみせたのだ。

ロディ・ドイルは『ザ・コミットメンツ』を皮切りに、『スナッパー』、『ヴァン』とキルバラックを舞台にした〈バリータウン三部作〉を書き継いだ。この三部作によって、本物のアイルランドが存在すると思われていた田舎にではなく、都会の片隅に暮らす現代のひとびとに、アクチュアルな声が与えられた。歴史を振り返るのではなく、つぎはぎだらけの自分を立ち上げようとするダブリン市民を提示したところに、ドイルが立てた大手柄がある。ぼくたちが今日目にするアイルランドは、「ナイト・トレイン」が走り抜ける不景気なダブリンを出発点としていたのである。

12　ダブリンの新市民たち——サットン、ダブリン州

——メンバー募集見て電話してくれたのかな？　とジミーが言った。
——そうだ、と受話器が答えた。
アフリカ人の声だった。ダブリンなら品格ある南部出身とおぼしき声。
——バンドに興味あるのかい？　とジミーが尋ねた。
——そうだ。
——ザ・コアーズは好きか？
——あいにくだがそいつは知らん。
受話器を持つジミーの右手が震えた。
——楽器は何をやるんだ？
——わたしが話してる相手はどなた様かね？
——えへん。ジミー・ラビット、おれの名前だ。

――ではミスター・ラビットに申し上げるが、と相手が言った。――わたし自身がわたしの楽器だ。

(Roddy Doyle, *The Deportees and Other Stories*, New York : Viking, 2008, pp. 38-39)

ロディ・ドイルの短編小説「ザ・ディポーティーズ」の一場面を日本語に吹き替えてみた。物語の舞台は二十一世紀初頭のダブリン。不景気の一九八〇年代に「ダブリン・ソウル」のバンド、ザ・コミットメンツのマネージャーだったジミー・ラビットは今や三十六歳、結婚九年目で三人の子持ち、七三〇枚のアルバムを所有する音楽通である。新世紀が開けた今、こんどはどんなバンドをつくろうとしているのだろうか?

ジミーは新バンドのメンバーを募るさいの〈踏み絵〉を、ザ・コアーズに決めた。ザ・コアーズといえば、フィドル(バイオリン)、ティン・ホイッスル(ブリキの縦笛)、バウロン(ヤギ皮の太鼓)といったアイルランド伝統音楽の楽器が奏でる癒《いや》し系のメロディーに自作の歌を乗せた、ケルティック・フォーク&ロックの超有名バンドである。九〇年代後半から二〇〇〇年代初頭にかけて、〈ケルティック・タイガー〉と呼ばれたアイルランドの経済躍進とシンクロするかのように、ザ・コアーズは世界中で売れに売れた。ジミーははっきり口には出さないものの、優等生的にふるまって成功を手に入れる〈ケルティック・ポップス〉の後追いだけはするまいと考えたに違いない。それゆえ、なぜかザ・コアーズの名声を知らないという、貫禄ありげなヴォーカリストにさっそく会うことにしたのだ。キング・ロバートと名乗るその男は、ナイジェリア人だった。

次々に集まってきたバンドメンバーは、モスクワからの留学生（ドラムス）、ニューヨーク出身の「白人じゃない」娘（ベース、ギター）、スペイン人の娘（ヴォーカル）、ナイジェリア移民の男（ジェンベ）、アイルランドのロスコモン（地味な内陸地域）からきた若者（ギター）、定住者と結婚したトラベラー（アイルランドの非定住民）の男（六十歳、ヴォーカル）など、一〇年前にはとうてい考えられなかった多様な人種構成をみせる。

二十世紀末以降、好景気のおかげでダブリンへやってくる移民が増えたなかで、とくにナイジェリア人が目立つようになったのには理由がある。イギリス連邦加盟国であるナイジェリアは英語が公用語で、教育水準が高いにもかかわらず、政治腐敗のため経済が低迷し、大量の頭脳流出を招いたのだ。アイルランドをめざすナイジェリア人にはコンピューター技術者が多いと言われるが、つい一昔前までは、アイルランド人のコンピューター技術者たちが世界中へ稼ぎに出るのが普通だった。長い歴史を持つアイルランド人の集団離散《アイリッシュ・ディアスポラ》の物語は、あれよあれよという間に裏返しにされてしまったのだ。「ザ・ディポーティーズ」はダブリン最初の多文化系週刊紙『メトロ・エーラン』に、二〇〇一年から翌年にかけて連載された。

この週刊紙を創刊したのは、他でもないナイジェリア人のジャーナリストである。

さて、移民たちによる混成バンド、ザ・ディポーティーズ(「国外追放の宣告を受けた者たち」という意味で、メンバーには実際に強制退去を命じられた者も含まれている)は、レパートリーもボブ・マーリー、トーキングヘッズ、マーヴィン・ゲイ、イーグルス、ニルヴァーナ、「雨に唄えば」などなど、際限なく雑多である。ところが何を演奏してもじつにノリがいい

——「ダンス・ミュージック。このバンドは何を演《や》ってもダンスになっちまう。すごくいい。ジミーはみんなを見渡した。楽しそうにやってるし、セクシーだ。ノリノリのアイリッシュ・バンドだよ」(Doyle, *The Deportees*, p. 69)。

物語のクライマックスで彼らは、ケルティック・タンドーリと称するカレー店で大儲《おおもう》けしたファット・ガンジー(という名前のアイルランド人)が娘の二十一歳を祝うために企画した誕生パーティーに招かれて演奏する。ニューリッチに成り上がったファット・ガンジーの家は、ダブリンの中心街から北へ三マイルほど離れたサットンにある。ダブリン湾の最北端を画するホウス岬の付け根にあたるサットンは、古い屋敷や城館が点在する高級住宅地である。バンドはガンジーの家の奥庭に建てられた仮設テントで演奏するのだ。

彼らが歌い出すのはウディ・ガスリーの曲で、歌詞の内容はこともあろうに、移民しようとした男が入国を拒否される話である——

——さて入国しようとしたらだね、ゲートにガルダ《アイルランド警察》が立っていて——
おまえさんは今日、一万四〇〇〇人目だってえええ
言ったのさ——

みんなが目くばせしあってるのが目に入ったが、ジミーはいちいち気にしていられなかった。パディーとアグネスとキング・ロバートはとてつもない声を張り上げていた。

——おおおおお——
ド《ゼ》・レ・ミ《ニ》を持ってないんなら——

ケニーがアグネスの肩越しにどなった。

——おいこら、ド《ゼ》・レ・ミ《ニ》じゃなくてユーロだろが！

アグネスは振り向いて目をぱちくりさせた。おいこらと呼びかけられたのは生まれてはじめてだったからだ。

——やめとけ——美しきガーナへ帰ったが利口だ——
オクラホマ、ポーランド、ジョージア、アフリカへ——

（Doyle, *The Deportees*, p. 72）

ガスリーの原曲「ド・レ・ミ」は、一九三〇年代に中西部でしばしば発生した砂嵐《ダストボウル》を逃れてカリフォルニアへたどりついた難民を、地獄の沙汰《さた》も金次第とばかりに追い返そうとする自警団にたいして抗議した歌である。それを思い出すと同時に「追放宣告を受けた者たち《ザ・ディポーティーズ》」というバンド名そのものが、ガスリーの歌のタイトルをちゃっかり流用していたことにもようやく思いいたった。「追放宣告を受けた者たち《ザ・ディポーティーズ》」とは、メキシコ国境を越えて合衆国へ流れ込んだひとびとが強制送還されるさい、かれらを乗せた飛行機が墜落した事故を悼んだ歌である。ダブリンで結成された新移民たちのバンドが、アメリカで約束の地に裏切られたひとびとの悲話をもじり、自分たちが暮らすダブリンにローカライズして歌い直しているのだ。

かくしてダブリン版「ド・レ・ミ」は、〈ケルティック・タイガー〉に浮かれた拝金主義を強烈に批判するプロテストソングになった。とはいえこのバンドはウディ・ガスリーだけにこだわって重ったるくよどんだりはしない。同時に聞き手のニューリッチたちも、歌詞の内容に目くじらを立てたりしない。「こいつらは何でも自分の歌にしちまうんだなあ」とみんなが感心している間にギグはフィナーレに近づき、バンドはいつのまにかデューク・エリントンの「それじゃチェックアウトするんでGoombye」を演奏しはじめている。ロディ・ドイルが生み出したダブリンの新市民たちの想像力は、図太くて雑食だ。

13　街角で拾ったおとぎ話――グラフトン通り、ダブリン

ロディ・ドイルの短編小説「ザ・ディポーティーズ」のしめくくりに、アイルランドの近未来像が描かれているのを読んで大笑いした後、背筋が寒くなった。四人の子持ちになったダブリンっ子がパイプカット手術を受け、ナイジェリア人がアイルランド共和党に入って市議会議員から初の黒人市長に当選し、同じくナイジェリア出身の若者がカレー店を経営するアイルランド人の娘と結婚する、という結末。この未来像はカトリック教会が唱導した厳格な生命倫理の崩壊、民族主義政党を支えていた同質性の解体、さらには多民族・多文化国家への移行を指し示している。アイルランドをアイルランドたらしめてきたいくつもの条件が一挙に瓦解《がかい》することを想定した近未来予測は、悪ふざけに近い小説家の誇張表現だとはいえ、現実に起きつつある変化の規模と程度にも目を見張るべきものがある。

アイルランドは急激な経済成長の結果、歴史上初めて移民が流入する国になった。移民とは送り出すものだとばかり思っていたのに、続々押し寄せてくる移民をどう迎えたらよいの

か？――二〇〇〇年代のダブリンが紡ぎ出す物語はこの問題に無関心ではいられない。ドイルのスラップスティックな群像劇とちょうどいい表裏関係をなす作品が、映画『Once ダブリンの街角で』（ジョン・カーニー監督、二〇〇六年公開、翌年サンダンス映画祭ワールド・シネマ観客賞受賞、翌々年アカデミー賞歌曲賞受賞）である。この映画が描き出すのは、繁華街グラフトン通りに立つストリート・ミュージシャン（三十代のダブリン男）と、貧しいチェコ移民でピアニストの卵（二十歳くらいの娘）との、出会いと別れの物語だ。娘の協力を得、バックバンドもかき集めて、男の歌のデモ録音をしていくところが映画の見せ場となる。ふたりの間には淡い恋心がめばえるけれど、それはおたがいの音楽にたいする敬意と名付けたほうがふさわしい感情かもしれず、共感は共感のままに終わる。

ダブリン生まれでベーシストでもあるジョン・カーニー監督が撮ったこの作品は、制作費一三万ユーロの低予算映画である。ほぼ全編自然光の下、手持ちカメラで撮影された。おまけに主演の男女二人はほとんど演技経験がないミュージシャンなので、映像にドキュメンタリーめいた味わいが生まれて、国際的な好評につながった。中年男と若い娘には固有名が与えられず、エンドロールにも「ガイ」と「ガール」としか表示されないので、この物語はダブリンの街角で誰にでも起こりうる、ひそやかな物語なのだと納得させられる。ようするにこれは、あっていい、あってほしい物語であって、実話ではない。「ザ・ディポーティーズ」が移民排斥と寛容主義の間で揺れ動くダブリンのカリカチュアだとしたら、この映画はそれを補完する美しいおとぎ話に過ぎないのだ。

結末で、掃除機専門の修理人である父からまとまった金額の餞別《せんべつ》を受け取り、中古とはいえ本物のピアノを「ガール」にプレゼントしてロンドンへ旅立ってゆく「ガイ」のふるまいを見ると、〈ケルティック・タイガー〉の経済効果がついに零細な事業主にまでいきわたったのを実感する。そうして疑問が心に浮かぶ――「ガイ」と「ガール」がくりひろげるおとぎ話の舞台は、もはやダブリンである必要はなかったのではないか？　この映画がアイルランドの外（とくにアメリカ）で大受けに受けたのは、大都市ならどこででも起こりうる物語だったせいではないのか？（この作品はブロードウェイでミュージカル化されて好評を博し、二〇一二年、第六六回トニー賞最優秀作品賞を含む八部門を受賞した）

ロディ・ドイルの音楽小説では、バンドを結成しようとするミュージシャンたちはジェイムズ・ブラウンやウディ・ガスリーの曲を替え歌にし、身の回りを取り巻く状況をアメリカ的経験に寄せかけることによって、ようやく自分自身の歌を獲得した。ところが、『Once ダブリンの街角で』で歌われる歌はどれもまっさらのオリジナルである。たとえばこんなふうに――

かつて、かつては
君をどうやって探せばいいのかわかっていた
かつて、かつては
でもそれは過ぎたこと
思い切って、思い切って
君の前に身を投げ出して死ぬことだってできたのに
一度だけ、一度だけ
もうとりかえしはつかない

（Glen Hansard, "Once"）

タイトルソングの「Once」の歌詞を一部分訳してみた。多義性のある'once'は日本語になりにくいが、「かつては」「思い切って」「過ぎたこと」と訳した部分が'once'のリフレインになっている。別れた恋人を思って切々と歌われる歌詞は元歌のあるもじりではなく、ローカルな事物への言及もない、シンプルなラブソングである。おそらくそのシンプルさゆえに、この歌はアカデミー賞歌曲賞さえ受賞したのだろう。「Once」は、〈ケルティック・タイガー〉以後の、自信あふれるアイルランドを如実に提示している。ラブソングはやぼったい地方性から解放されることによってついに簡素な普遍性に到達したのだ、たぶん……。

ダブリンの街角で路上演奏（バスキング）をする人々。歩行者専用のグラフトン通りにて

そうかもしれない。だが、本当にそうだろうか？　カーニー監督が「Once」というタイトルそのものについてコメントしているのを読んで、ぼくは思わず苦笑した。『ニューヨークタイムズ』の映画評に引用されたインタビューで、彼は、「アイルランドのパブへ行けばみんなが話していることですが」と前置きしてから、「『思い切ってやってみればきっとうまくいくんだ』というセリフをよく耳にします。けど、みんな決して、ものごとを思い切ってやったりはしません。ぐだぐだと逡巡《しゅんじゅん》するのが、アイルランドの偉大なる伝統なんです」（David Browne, "Music, Love and Fatalism: How Irish", *The New York Times*, 13 May 2007）と語っている。

そうそう、こうでなくちゃいけない！　思えばこの映画は優柔不断なダブリン男が一大決心をする物語だ。さきほど引用した歌だってうじうじ男のラブソングである。一見ダブリンでもアイルランドでもなく、それこそが強みだと思われたシンプルなおとぎ話とラブソングは、アイルランド的な心性に深く根を張っていたのだ。それがわかって少しだけほっとした。そうしてぼくは、以前しばしば足を止めて聴き入った、グラフトン通りのストリート・ミュージシャンたちのことを思い出して、ひとしきり切ない思いに誘われた。

第二部　コナハト（西部）

上／アラン諸島東島《イニシーア》の海辺
下／女性たちはかつて暖炉の
そばで糸をつむいだ

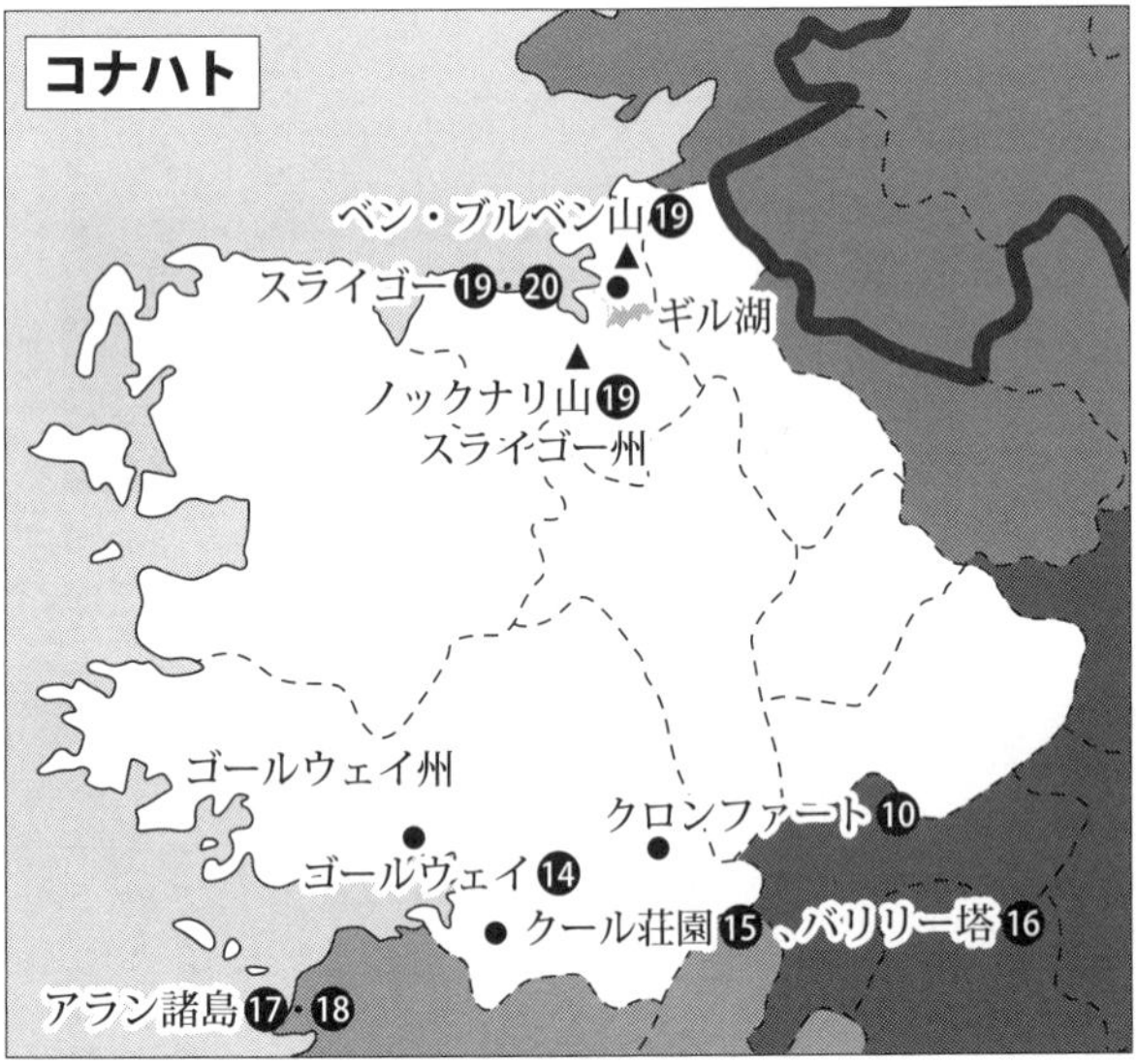
コナハト
ベン・ブルベン山⑲
スライゴー⑲・⑳
ギル湖
ノックナリ山⑲
スライゴー州
ゴールウェイ州
クロンファート⑩
ゴールウェイ⑭
クール荘園⑮、バリリー塔⑯
アラン諸島⑰・⑱

14　縄をなう男たち――ゴールウェイ、ゴールウェイ州

西海岸の港町ゴールウェイには中世の城壁都市の面影が残っている。古くはスペインやフランスとの貿易で栄えたが、十七世紀半ば、オリヴァー・クロムウェルが率いるイングランド議会軍がアイルランドを侵略したさい、半年間にわたる攻囲戦の末に落城した。以後近代を通じて、かつて繁栄した商都は衰微の一途をたどった。ところが過去三〇年ばかりの間にゴールウェイは俄然《がぜん》活気を取り戻し、西部で最もにぎやかな観光の町へと成長した。

港から歩き出して、石づくりの古建築や迷路めいた路地のたたずまいが旅情をそそる中心街へ向かう。緩やかな上り坂になった本通りにはしゃれたレストランが並んでいる。昼も夜も観光客でにぎわう、絵に描いたような明るい海浜リゾートだ。目に止まった一軒に入り、蒸したロブスターかカニの爪《つめ》のバター焼きか、あるいは生牡蠣《なまがき》でも食べながらギネスを飲めば、大いに満足できるだろう。だがそれだけで宿へ帰るのはもったいない。この町の底力は夕食後から深夜に発揮される。市内に点在する音楽パブでは夜な夜な、きわめてレベルが高

い伝統音楽のセッションやダンスがおこなわれている。ゴールウェイは、フィドルやフルートやアコーデオンの腕を磨くために音楽武者修行をするひとたちが意を決して足を踏み入れる、特別な町なのだ。

この港町で刺激的な音楽文化が栄えているのは偶然ではない。土地に根ざしたアイルランド語文化と、英語文化をはじめとする外来文化が色濃く滲《にじ》みあってきたこの町は、いわば文化の交易所《トレーディングポスト》である。アイルランド西部各地にはゲールタハト――アイルランド語が日常語として使われている地域――が点在している。それらはたいてい都市から離れた遠隔地にあるのだが、ゴールウェイだけは例外で、町の西端がコネマラのゲールタハトに隣接し、ゴールウェイ湾の入り口にはアラン諸島のゲールタハトがあるので、町中でアイルランド語話者に出会う確率がとても高く、運が良ければ彼らが身の中に保持している歌や曲やダンスが披露される現場に立ち会える確率も高い。観光客相手に演《や》っているようにみえる催しでも、決してあなどれないのである。

今は解散してしまったけれど、かつてゴールウェイをベースにシアムサー――アイルランド語で「演芸、余興」の意味――と名乗る音楽集団が活動していた。まじめそうな娘がコンサーティーナ（小型のアコーデオン様楽器）を奏で、バウロンはその弟っぽい少年、アコーデオン担当がもしかしたらかれらのお母さんで、だとしたらお父さんがダンサー、長身の若いダンサーは一家の長男で、あだっぽくてめっぽう上手な女性フィドラーは若妻だったかもしれない――そんなふうに思わせる家族的なグループだった。ぼくは彼らのことがなんとなく気に入って、ゴールウェイへ行くたびに公演を見ていた。安い入場料で見せる彼らのステージは、歌とダンスにくわえて、田舎の年中行事やちょっとしたできごとをいくつかの寸劇にまとめて見せるパフォーマンスだった。思えば、この種のバラエティーショウをブロードウェイ風に洗練していったものが、世界各国をツアーして大好評を博した舞台作品〈リバーダンス〉だったのだ。シアムサの公演はいたって泥臭かったものの、観客の満足度は高かった。

彼らのレパートリーのなかにいくつか寸劇があって、そのひとつが心に焼き付いている。農家の娘に言い寄っている男がいるのだが、娘の母親はその男を認めていない。そこで一計を案じて、男に縄ないを手伝わせて家から追い出す、という筋書きである。縄ないの所作がとてもおもしろかった。母親が暖炉のそばに腰掛け、あらかじめ干し草を細引きにした縄を手に二本持って、繰り出していく。繰り出されていく縄の先には男が立ち、両手で二本の細縄を捻《ひね》って荒縄に仕上げていく。縄が長くなるにつれて男は後ずさり、やがて家の外へ出てしまう。そこですかさず家人に扉を閉めさせ、首尾よく男を追い出すという結末だ。

切ないような笑いを誘うような一連の所作をおぼえていたので、数年後、書物の中にこの寸劇のネタもとを見つけたときには小躍りした。ぼくが見たのは、アイルランド語研究者にしてダブリンのトリニティ・カレッジ学長、上院議員をへてアイルランドの初代大統領まで務めたダグラス・ハイド（一八六〇―一九四九）が書いた、『縄ない』という戯曲の簡略版だったのだ。一八九三年、アイルランド語の保存と普及を目的としてゲール語連盟《ゲーリックリーグ》を結成し、言語とともに伝統音楽やダンスを保護育成する方法を模索しはじめたハイドは、アイルランド語で『縄ない』を書いた。そして一九〇一年十月、新しい演劇運動を推し進めようとしていたW・B・イェイツとグレゴリー夫人の肝いりでダブリンのゲイアティー劇場において初演されたときには、みずから主演もした。小作農の言語としてさげすまれていたアイルランド語で書かれた芝居がダブリンの劇場で上演されたのは、『縄ない』が史上初であった。

『縄ない』にはグレゴリー夫人による英訳版があるのであらためて読んでみると、なかなかよくできた一幕物の喜劇である。農家の娘に言い寄るのはハンラハンという名前の傲慢《ごうまん》な放浪詩人である。詩人には呪詛《じゅそ》する魔力があると信じられているので、娘の家族はハンラハンを怒らせないよう気を遣いつつ、自分から出て行ってくれるよう仕向ける工夫をする。進んで出て行った人間には相手を呪う資格がないからである。干し草の縄をないながら扉の外へ後ずさりしていってくれれば一番好都合なのだ。

　この村では誰ひとり縄のない方を知らないので教えて欲しい、という嘘《うそ》八百の口実を使って村人たちがハンラハンをおだてあげる。いい気になった放浪詩人が罵詈雑言《ばりぞうごん》を振りまくところが喜劇としての見せどころである。ハンラハンは西部コナハトの出身で、痛罵《つうば》されているのは南部マンスターの村人という設定である。ハンラハンのセリフをちょっと日本語に吹き替えてみよう。

その干し草をこっちへよこしてみろ。学があって正直で利口で賢く、手元には技と段取り、頭には分別、胸には勇気が宿るコナハトの人間をよく見とけよ。こういう場合どうすればいいのか、俺様が見せてやろう。不運と大なる災難さえなければ、俺様ともあろう者がマンスターのノロ助どもに混じることなどなかったのだぞ。この土地じゃあ名誉と気高さが重んじられぬばかりか、白鳥とアヒル、金と真鍮《しんちゅう》、百合《ゆり》とアザミ、どれもこれも区別ができぬありさま。真珠の胸を輝かすべっぴんとあばずれのふしだら女が、いっしょくたにされとるんだからなあ。

（Lady Gregory, *Poets and Dreamers: Studies & Translations from the Irish*, 3rd edition, Dublin: Hodges, Figgis, 1903, p. 213）

恩着せがましく威張り散らす放浪詩人がやがて体よく追っ払われる筋書きは、胸がすく展開である。

じつはこの筋書きはハイドのオリジナルではない。この芝居は、W・B・イェイツが書いた物語「赤毛のハンラハンと縄ない」から主人公の名前と筋立ての骨子を借りて、ハイドが自由に脚色したものなのだ。そこでイェイツの物語を読み直してみると、喜劇とはほど遠い後味だった。一八九七年に発表された「赤毛のハンラハンと縄ない」が醸し出すのは、土俗的な呪術性を物憂いアラベスク模様でくるんだような世紀末の空気である。結末に近い部分を少しだけ読んでみよう——

ハンラハンは海のほうへ下りていった。下りていくにしたがって怒りは深い憂鬱《ゆううつ》へと変化した。(中略)彼はこのとき、後に「縄ない」という名で人口に膾炙《かいしゃ》することになる歌詞と曲をこしらえているところだったが、想を練り上げていくうちに夢幻が深まり変容して、ついに〈人間の悲しみという縄〉をなう歌ができあがった。(中略)かくして〈人間の悲しみという縄〉がハンラハンの夢幻のなかで巨大な蛇体に変容し、彼の周囲で幾重にもとぐろを巻いたので、そのたくる大蛇が地上と天上のすべてを覆い尽くし、星々が大蛇の鱗《うろこ》になった。

(Philip L. Marcus, et al. eds., *The Secret Rose: Stories by W. B. Yeats: A Variorum Edition*, Ithaca: Cornell UP, 1981, p. 204)

ハイドとイェイツを読み比べてみると、物語は語り手によって別物になる生き物だということをつくづく思い知らされる。ハンラハンが下りていったのはゴールウェイの町にほど近いコナハトの海岸である。イェイツはこの海岸でハンラハンに「縄ない」の歌をつくらせているわけだが、じつは「縄ない」というアイルランド語の古い伝承歌が存在する。種を明かせば、イェイツはこの歌を下敷きにして「赤毛のハンラハンと縄ない」を書いた。彼は、伝承された古い歌詞の背景を補完するようにして、由来話を捏造《ねつぞう》したのである。

「縄ない」の歌はイェイツやハイドの時代に劣らず、今日でも盛んに歌われている。アラン諸島出身の若い女性歌手、ラサリーナ・ニ・ホニーラが自主制作したCDの歌詞カードから日本語に吹き替えてみたい――

俺と一緒にいてくれるなら、家族の前で一緒にいてくれ
俺と一緒にいてくれるなら、昼も夜も一緒にいてくれ
俺と一緒にいてくれるなら、心も一緒にいておくれ
日曜が来ても嫁さんになってくれないなんて悲しすぎる
（中略）

この土地へ流れてきたのが、俺にとっては大災難
自分の村にいたならば、言い寄る娘はたくさんいたのに
ケンカ、口論、根もない噂にこづかれ続けて今じゃ宿無し
ああなんと、母には話が通じない、娘にゃ自分の分別がない
（Lasairfhíona Ní Chonaola, *An Raicín Álainn*, LNC, 2002）

女性ヴォーカルで淡々と歌われると、ほんのりした艶《つや》っぽさを含んだ哀愁がただよってくるから不思議である。

ニ・ホニーラ自身が書いているライナーノーツによれば、「「縄ない」の歌は一九六〇年代、ジョー・ヒーニーの歌唱で広まった」とある。ジョー・ヒーニー（一九一九―八四）といえば、二十世紀で最も偉大なアイルランド語の歌手のひとりである。六〇年代には、フォーク歌手が集まりはじめていたダブリンのオドノヒューズという音楽パブでよく歌っていた。だが彼は、ダブリンの聴衆がアイルランド語の古式歌謡《シャン・ノース》に手ひどいブーイングを出したのに幻滅してアメリカへ移住し、ニューヨークでドアマンをしながら生計を立てたと伝えられている。ヒーニーはハンラハン同様、邪魔者扱いされたのである。ほどなくして彼は、彼が伝承する歌の価値に気づいたアメリカ各地の大学へ招かれるようになった。皮肉な人生ドラマを思い

起こしながら、ヒーニーが歌う同じ歌（Seosamh Ó hÉsnai, *Ó mo dhúchas: from my tradition*, Gael-linn, 1976所収）に耳を傾けてみると、追い出された悲しみを訴えるほろにがい声が心に沁《し》みる。ヒーニーは、ニ・ホニーラが生まれたアラン諸島の対岸に位置し、ゴールウェイの町の西に接するコネマラ・ゲールタハトの、カーナという海辺の村の出身である。イェイツが物語の中で傷心のハンラハンを歩かせたのはこの近辺の海岸だが、彼は若い頃この地域で民間伝承の採集をおこなっているので、カーナあたりで「縄ない」の歌を聞き覚えた可能性は十分にある。

「縄ない」をたぐる話はまだ終わらない。ラサリーナ・ニ・ホニーラやジョー・ヒーニーという名前を聞いたことがないひとでも、ザ・ボシー・バンドなら知っているのではないだろうか？　七〇年代後半にアイルランド伝統音楽をロックに近づけて、現在に至るアイリッシュ・ミュージック繁栄の基礎を築いたバンドである。疾走するダンス曲の数々もすばらしいが、ミホール・オ・ドーナルとトリーナ・ニ・ゴーナル兄妹のヴォーカルにも色あせない魅力がある。ミホールがギターの弾き語りで歌う「縄ない」（The Bothy Band, *Afterhours*, Mulligan, 1978所収）が聞かせる陰影の豊かさは、ジェイムズ・テイラーやキャロル・キングのラブソングに劣らない。同じ縄でもなう者によってずいぶん味わいが変わるものだ。

15　最後の女主人――クール荘園、ゴールウェイ州

ゴールウェイ州の南西端にゴートという町がある。繁華な港町ゴールウェイから遠く、内陸の街道筋に位置するこの町は地域の物資の集散地で、かつては定期市が立つ日にたいそうにぎわった。昔日のにぎわいを彷彿とさせる『噂のひろがり』という芝居があるので、さわりを日本語に吹き替えてみよう。定期市の雑踏の中、農夫のジャック・スミスが置き忘れた干し草用熊手を届けてやろうとして、万事弱気なバートレイ・ファロンがジャックを追いかけていった。ところが、「干し草用熊手をふりかざしてバートレイがジャックを追いかけていった」という噂が口伝えされていくうちに勝手に一人歩きをはじめて、ついにバートレイがジャックを刺し殺したという話に化けてしまう、という喜劇である。

ティム・ケーシー　ちょっとちょっと、ショーン・アーリー！　ミセス・タリー、聞くがいい、ニュースだよ！　ジャック・スミスとバートレイ・ファロンがケン

カおっぱじめて、ジャックがミセス・ファロンの籠《かご》をぶちまけたもんで、バートレイが熊手で襲いかかって、ジャックが逃げて、バートレイが追っかけてった。ほれ見てみ、地面に砂糖がぶちまかさっとるで！

ショーン・アーリー　ホントかね？　バートレイ・ファロンてばおとなしい男だけど、ケンカするかね？

ミセス・タリー　不思議なことないの。あの手のぐずぐずしたひとがいちばん危ないんだから。今頃もう追いついてるわよ。

（ジェイムズ・ライアンとミセス・ターピーが入ってくる）

ジェイムズ・ライアン　ミセス・ターピーからすごいこと聞いたぞ！　巡査と治安判事が今日来てるだろ、ありゃたぶんそのせいだよ。なんであの筋のおかたが来てるんだろってさっきから思ってたんだ。

ショーン・アーリー　巡査があのふたりを追ってるってか？　バートレイがジャックにケガさせたってわけだな。お上は、見せかけのケンカならほっとくに違えねえから！

ミセス・タリー　そうに違いないね。熊手で殺された人間はたんといるんだから。

ジェイムズ・ライアン　ちょっくら待ってろ。北はおいらにまかせてくれ。ケリーの

パブへ行って噂をひろめてくるからな！　（退場する）

ティム・ケーシー　おいらはジャック・スミスのいとこに知らせてやろう。子羊の肉を持ってきて教会の南側で立ち売りしてたから。　（退場）

ミセス・タリー　あたしは西を担当するよ。ひとっ走り行ってご近所の衆に報告しなくちゃ。　（退場）

ショーン・アーリー　おいらは広場の東へ行ってしゃべくってやる。

(Lady Gregory, "Spreading the News", in *Seven Short Plays*, London: Putnam, 1909, pp. 10–11)

この直後、耳の悪いリンゴ売りの老婆が「シーツを石垣に干してた」ということばを「シーツを遺体に掛けてた」と聞き違えると、殺人説がますます信憑《しんぴょう》性を増して大騒ぎになる。人間性の中に潜む不条理と愚かさを哄笑でくるみ、ローカルカラーで味付けした佳品だと思う。『噂のひろがり』は一九〇四年十二月、アイルランド国民演劇協会《アイリッシュ・ナショナル・シアター・ソサエティー》の根拠地としてダブリンに設けられた、アビー劇場のこけら落としとして初演された。土地ことばを模したスタイルでこの芝居を書いたのは、ゴートの大地主の未亡人である。彼女が暮らした「クール荘園」は町の北西にあり、現在は庭園と森と湖が美しい広大な自然公園になっている。一〇〇〇エーカー（約四平方キロ）ほどあるこの地所は十八世紀半ば以降〈クールのグレゴリー〉家が所有し、大きな屋敷が建っていた。一九三二年までこの屋敷に暮らした最後の人物が『噂のひろがり』の産みの親で、領主サー・ウィリアム・ヘンリー・グレゴリーの未亡人、イザベラ・オーガスタなのだ。彼女は敬意を込めてグレゴリー夫人と呼ばれている。

三十五歳年上の夫と結婚し、四十歳の誕生日を迎える直前に夫と死に別れたグレゴリー夫人は、一八九七年、クールに一夏滞在した詩人W・B・イェイツの影響を受けた。彼女は、演劇活動によって文化的ナショナリズムを推し進めようとする十三歳年下の詩人に共鳴し、自領の膝元で見逃されている民衆文化に目を開かされた。彼女は四十代半ばにして、地元キルタータンに伝承されてきた民話の収集を開始し、伝説を再話し、劇作の才能を自己発見し、アイルランド演劇運動の支援者として才腕を振るいはじめる。かくして二十世紀初めの一時期、屋敷の女主人と友情で結ばれた作家や芸術家がひんぱんに滞在したクール荘園は、アイルランドきっての文化サロンとなったのである。庭園の真ん中に聳《そび》える巨大な紫ブナの樹幹には、屋敷を訪れた客たちの名前が彫り込まれているのがわかる。目をこらすと、イェイツをはじめとして、弟で画家のジャック・B・イェイツ、劇作家のジョン・ミリントン・シング、ジョージ・バーナード・ショー、ショーン・オケイシー、詩人のジョン・メースフィールドらが刻んだイニシャルが見えてくる。

イェイツはとりわけ、グレゴリー夫人を姉のように慕ってこの地にたびたびやってきた。

彼はクールの森や湖のほとりを歩き回って失恋の痛手を癒したり、グレゴリー夫人が集めた地元の民話からヒントを得たりして、ロマンティックな作品を数々書いたが、なかでもよく知られている詩に「クール湖の野生の白鳥」（一九一六年十月執筆）がある。恋多き詩人は五十一歳、いまだ結婚していない。五連あるうちの最初の三連を日本語にしてみよう。イェイツは一八九七年以降毎夏クールに長期滞在し、その滞在は二〇回におよんだ。「一九回目の秋」という詩句にはそうした事実が反映されている

木々は秋の美をまとい
森の小道はいずこも乾き
十月のたそがれが翳《かげ》りゆくとき
湖水は静かな空を映す。
点々と岩を散らし、満々とたたえた水の上に
五九羽の白鳥が浮かぶ。

はじめて白鳥を数えた日から
指を折れば、一九回目の秋。

あのときは数え終わらぬうちに
いっせいに舞い上がり、
やかましい羽音をたてて
いくつもの壊れた輪を描いて消えた。

白鳥の見事な姿ならなんべんも見てきた
わたしだが、今日は心がずきずき痛む。
すべてが変わってしまったからだ——
この同じ岸辺にたたずみ、たそがれが翳りゆく頃
鐘を乱打する羽音をはじめて頭上に聞いた
あの日、わたしの足取りはもっと軽かったのに。

（W. B. Yeats, *The Poems*, ed. Daniel Albright, London: Everyman's Library, 1992, p. 180）

中年のイェイツが重い足取りで湖畔をさまよった四年後、アイルランドは独立戦争の真《ま》っ只中《ただなか》にあった。アイルランドが自治権を獲得すれば、グレゴリー家のようなアングロ・アイリッシュ（プロテスタント）の支配的地主階層《アセンダンシー》の地位が失墜するのは目に見えていた。各地

の荘園は次々に売却され、地主たちの多くはすでにイングランドへ脱出していきつつあった。グレゴリー夫人は不安のなかで、一九二〇年五月二十三日の日記に次のように書いている。歴代の当主が樹木と学芸を愛してきた伝統を切々と語るこの一節を読むと、荘園の歴史と地勢を素描した略図を目の当《ま》たり《あ》にするようだ。

クールの地は過去一五〇年間平和であっただけではない。木々を養い、精神を養ってくれる土地であり続けてきた。かつてアーサー・ヤングが、グレゴリー氏は「第一級の苗木場を保持しておられるゆえ、地域の緑に花を添えることであろう」と書いた森は今も健在で、夫ウィリアムが生前珍しい樹木を植え足した。わたし自身も若木の森を何エーカーも広げてきた。すばらしい蔵書を屋敷に残したのはリチャード・グレゴリー。貧しい民を救護するさなかに飢餓熱で逝ったウィリアムの父親も書物を買い足した。ウィリアム自身は議員として、またセイロン総督として名をなしたが、終生クールを愛した。息子のロバートもクールを愛し、その荒涼たる美しさを絵画に描き留めた。息子は気高い精神を携えて出陣し、よき大義に命を捧《ささ》げた。わたしは過去四〇年間クールに住み、この土地を愛している。クールはまた、ここに滞在する客人をして、わが国特有の精神と知性に目覚めさせてきた。今回の問題が万一こじれ、屋敷が壊され、廃墟と化してもしようものなら、国家的な損失と言うべきだ。
わたしは祈り、祈り、祈る。

（Lady Gregory, *Lady Gregory's Journals 1916–1930*, ed. Lennox Robinson, London: Putnam, 1946, p. 15）

「よき大義に命を捧げた」ロバートとは、グレゴリー夫人のひとり息子ロバート・グレゴリーである。第一次大戦に戦闘機パイロットとして参戦し、一九一八年、イタリア北部で友軍機の誤射によって撃墜された。文章の末尾で「今回の問題」と呼ばれているのが先述の売却問題だが、当時クール荘園を法的に所有していたのはロバートに死なれた妻マーガレット・グレゴリーである。クールに愛着を持たない彼女は、地所を手っ取り早く売却した

上／クール湖の湖畔
下／文学者たちの署名が残るブナの木

がっていた。その結果、他の荘園同様クールでも多くの土地が売却されたが、屋敷と周辺の森だけは残され、グレゴリー夫人は義理の娘に賃料を支払って屋敷に住み続けることになった。

一九二二年、アイルランド自由国が成立すると大地主たちはますます肩身が狭くなる。二七年、健康を害したグレゴリー夫人は残された荘園のすべてを政府の営林局に売り渡すことに同意したが、管理人として屋敷にとどまることが認められた。八十歳の長寿をまっとうして彼女が死去したのは一九三二年。屋敷を改装して陸軍病院とする案もあったものの、一〇年間放置された末、地元の業者によって取り壊された。

イェイツは一九二三年にノーベル文学賞を受賞した。「アイルランドの演劇運動」と題した受賞講演では、グレゴリー夫人との共同作業がなければ自分の栄誉はなかったと語り、自分の脇に彼女が立っているのを感じると述べた。イェイツはやがて詩「クールとバリリー、一九三一年」に最晩年のグレゴリー夫人を描き、アイルランドの政治的独立に先駆けて文化的独立を試みた、自分たちの活動を振り返っている。後半部分を走り読みして、クールの文《ぶん》華《か》に幕を下ろした偉大な女主人に思いを馳《は》せることにしよう。

杖《つえ》が床を突く音、椅子から椅子へ

重たげに体を移していく音。
世に知られた職人の手で装幀《そうてい》された愛蔵の書物たち。
古い大理石の頭像や古い絵の数々がいたるところにある。
立派な部屋部屋で、遠来の客や子供たちは
満足と喜びを見いだした……
（中略）
わたしたちは最後のロマン派――古来伝承されてきた
神聖と善美を主題に選んだ。
詩人たちが言う民衆の書に記されているもの
人間の精神を限りなく祝福し、韻律《いんりつ》を一層高める主題を
あるかぎり選んだのだ。
ところがすべてが変わってしまい、あの駿馬《しゅんめ》には騎手がいない。
その昔、ホメロスがあの鞍《くら》にまたがって
白鳥が浮かぶ、翳りゆく湖面を駆けたというのに。
（Yeats, *The Poems*, pp. 294-295）

16　胸壁からの眺め――バリリー塔、ゴールウェイ州

民間伝承を讃美して収集するのはたいていよそ者である。詩人W・B・イェイツの場合もその例に漏れず、少年時代によく夏を過ごした北西部の港町スライゴーで聞いた民話や歌をきっかけにして、フォークロアにめざめた。さらに三十一歳の秋以降二〇年間、盟友グレゴリー夫人の屋敷があるクール荘園にしばしば長期滞在して、地元の伝承に耳を傾けた。

イェイツはダブリン生まれの都会っ子である。スライゴーでは母方の裕福な実家に〈坊っちゃん〉として滞在し、クールでも屋敷の主寝室をあてがわれて客人待遇で過ごした。彼は農夫が語る土地の物語を愛し、みずからの作品へさまざまな形でとりこんだが、二十二歳まで住所はずっとダブリンにあり、それ以後、生活の拠点はロンドンに移された。だからイェイツはいつも、昔語りに惹《ひ》かれて田舎を訪問するよそ者だった。それればかりか、成人して以後はダブリンにさえ自宅はなく、アイルランドではつねに仮住まいだったのである。

その彼が五十路《いそじ》にさしかかったとき、慣れ親しんだクールの屋敷のすぐ近くに、住居を手

に入れるチャンスが訪れた。大地主の特権が失われていく時代にあって、クール荘園の領内バリリーの地に立つ古塔がグレゴリー夫人の手を離れ、密集地域整理委員会の管理下に移っていた。それを知ったイェイツが、購入を希望したのだった。彼が後にバリリー塔《トール・バリリー》と命名するこの塔は、一〇〇〇年近く前にノルマン人が建てた石造四角柱形の望楼で、内部は四層に分かれ、各層を石の螺《ら》旋《せん》階段がつないでいる。このタイプの四角塔は中世から近代まで住居兼要塞《ようさい》として使われたもので、現在でもアイルランド各地に数多く残っている。イェイツが買った塔は川に架かる石橋のたもとにあり、すぐ脇に石造藁葺《わらぶ》きの平屋が建て増しされていて、一九〇二年まではひとが住んでいたが、すでに廃墟と化していた。

イェイツのバリリー塔の今のようす

　一九一七年六月末、五十二歳のイェイツは密集地域整理委員会に宛てて、塔の代金三五ポンドを送金した。当時は第一次世界大戦の真っ最中で、アイルランドは独立へ向かう激動の時代を迎えていたが、この時期、イェイツの身辺も急激に変化しつつあった。詩人の生涯に起きたできごとを詳細に並べ上げた『イェイツ年譜』(John S. Kelly, *A W. B. Yeats Chronology*, Basingstoke, Hampshire: Palgrave Macmillan, 2003, pp. 194-196) を覗いてみると、この年の八月七日、イェイツは永遠の恋人で詩の女神ともいうべきモード・ゴン——長年にわたって繰り返し求婚しそのたびに拒絶されていた——を訪ねるためフランスのノルマンディーに到着した。驚いたことにこの日彼は、モードに同行していた彼女の娘のイズールト・ゴンに求婚し、拒絶された。度しがたくロマンティックな詩人の恋心は、長年思いを寄せた女性の娘にまで飛び火し、またぞろ手痛い打撃を受けたのだった。『年譜』によれば九月十七日、三人はロンドンへ戻った。その翌日、イェイツはイズールトと会い、降霊会を通じて親交があった二十五歳のイギリス人女性ジョージ・ハイド゠リースにプロポーズすべきかどうかを相談し、決心を固めた。にわかに信じがたい行動だが、疑いなき事実である。

九月二十六日、イェイツはイングランドのサセックスを訪れ、ジョージ・ハイド゠リースにプロポーズし、受諾された。十月二十日、イェイツとジョージはロンドンで婚姻届を提出し、サセックスへハネムーンに出発。二十七日、ハネムーン先の宿でジョージが睡眠中に突然自動筆記をはじめた。内容を知らぬままに新妻が走り書きしていくノートが、イェイツ後期の詩や戯曲に特異な世界観を与え、秘教的な哲学書『幻想録』の骨組みとなっていく……。「小説よりも奇」というべき一連の経緯について語るべきことは多いけれど、ここでは、イェイツ後期の神秘主義的な文学が成立するためには、妻ジョージの協力が決定的に重要であったとだけ言っておこう。

話を塔に戻す。イェイツにとってバリリー塔は、アイルランドにおける念願の住まいであるとともに、新しい家族を迎えるべき夏の家となった。内装と家具のデザインはダブリンの建築家に依頼したが、工事は遅々として進まず、待っているうちに長女アンが生まれた。妻ジョージをようやく塔へ迎えることができたのは一九一九年六月であった。以後一家は、夏ごとにバリリーに滞在するようになる。その間詩人は、新たに成立したアイルランド自由国上院議員に任命され、ダブリンのトリニティ・カレッジから名誉博士号を授与され、ノーベル文学賞を受賞するなど栄誉をきわめていく。だが他方、老齢を迎えて高血圧や関節炎に苦しめられるようにもなった。六十歳になった詩人は「塔」という詩を書いて、衰えていく肉体と衰えを知らぬ想像力のギャップを吐露する――

ばかげたこのていたらくをどうしたらいい？――
心よ、ああ、悩む心よ――こいつはまるで漫画だぞ

わが肉体によぼよぼの老齢が括りつけられたざまを見ろ
犬の尻尾に括りつけたヤカンそっくりじゃないか。
　　　　　ところが想像力がこんなに奮い立ち
かあっと燃えたぎって、あらぬ方へ暴走するのは
今が初めてだ。耳や目がうずうずして、ありえないことを
これほど待ち望んだこともかつてない——
　(中略)
わたしは胸壁のある屋上を歩きながら
かつて家だった土台石に目を遣《や》り、煤《すす》けた指みたいに
一本の樹が地面から突っ立っているところを見つめる。
それから翳りゆく日射しの中へ
想像力を放ち
廃墟や古い木立にひそむ
さまざまな残像や追憶を呼び出す。
それらすべてに問いかけたいことがあるから。

(Yeats, *The Poems*, p. 240-241)

詩人の呼び出しに応じて、近くの村に伝わる民話の登場人物たちの残像があらわれては消えていく。塔の頂上にたたずむ詩人は、最後にあらわれたハンラハン――前章の「縄ない」に出てきたあの男だ――の残像に向かって「消えるな」と命じて、念願の質問をぶつける――「想像力がつきまとって離れないのは／手に入れた女か、それとも逃がした女か？」と。

ここまでが「塔」の詩の前半である。後半になると、イェイツによく似た語り手は「もう遺言を書いてもいい年だ」と言い、「肉体の破滅がやってくるまでの間／魂を学識あるひとびとに混じらせて／学ばせ続けよう」と宣言する。バリリー塔は、活力を失わない魂に希望を託し、老齢に立ち向かって書き続けようとする詩人の自己像なのだ。

とはいうものの、老いていく肉体から逃れられない詩人には、塔の螺旋階段を上り下りするのがだんだん苦しくなる。一九二七年、六十二歳の夏を過ごしたのを最後に、イェイツの足は古塔から遠のいていく。そして、あたかもそれを埋め合わせするかのように、翌年二月のヴァレンタインデーに詩集『塔』が出版される。バリリー塔と水に映った倒立像が表紙を飾るデザインは、住まいとその住人を描いた二重の自画像のように見える。さきほど読んだ「塔」の詩は、この詩集の冒頭から二番目におさめられていた。

時は移って二〇〇九年三月二十八日。この晩、ダブリン郊外の港町ダンレアリのパビリオン劇場で詩人シェイマス・ヒーニーの七十歳記念朗読会が開かれた。彼はイェイツが死んだ一九三九年に、北アイルランドで生まれた。それはもちろん偶然だが、この島に栄える豊かな詩的遺産を引き継ぐかのように、ヒーニーはアイルランド人として四人目のノーベル文学賞受賞者となった。今やゆるぎない存在感を放つ国民的詩人である。三年前脳溢血《のういっけつ》で倒れてしばらく入院したものの、見事に復活してこの日を迎えた。ステージに上がった一七人の詩人たちから祝福を受けた後、「不景気な時代にも詩は信ずるに値《クレジット》するものだ」とにこやかに語りながら、老詩人は「屋根裏部屋で」と題する詩を淡々と朗読した。

ヒーニーの朗読を聞きながら、ぼくはイェイツの「塔」を思い出していた。詩が印刷されたブロードシートが観客全員に配布された。宿に帰ってからよく見るとサイン入りで、三五〇部限定と書いてあった。まだ詩集におさめられていない作品である。最後のパートだけ日本語にしてみよう。

年をとって名前が覚えられなくなり、
階段にさしかかれば
マストへはじめてよじ登る
船室給仕《キャビンボーイ》みたいに目眩《めまい》がするし、

記憶の船底は取り返しのつかない
深みにはまってはいるものの、この期に及んで、

あの脆《もろ》くて厄介な破裂と傾いていく世界のことは
まだ想像できないのです、などと
言い逃れをするつもりもない——今、風が新たに吹き、錨《いかり》が上がる。
(Seamus Heaney, "In the Attic", Read at DLR Poetry International Poetry Festival, 28 March 2009)

ヒーニーの家はダブリン市の南部サンディマウント——そこはイェイツが生まれた土地でもある——にあって、干潮時には広大な干潟になる湾を望む場所に建っている。屋根裏の書斎に陣取った詩人は、このひと特有のユーモアで老齢と向き合っている。イェイツの自嘲《じちょう》に較べると、ずいぶんなごやかな口ぶりで老人詩人宣言をおこなっている。バリリー塔をこっそり船のマストに置き換えたところがお茶目である。これほどしなやかな曲芸を披露できる詩人の想像力には、深刻な老いは当分訪れないだろう。

17　白木の板でこしらえた棺――アラン諸島、ゴールウェイ州

『海へ騎《の》りゆく者たち』（一九〇四年初演）は、ジョン・ミリントン・シングがアラン諸島で取材した資料にもとづいて書いた、一幕物の悲劇である。舞台は、島の民家の食堂兼居間《キッチン》。幕が開くと老母モーリャ、末息子のバートリー、それからふたりの姉妹が、漁に出たまま戻らない兄のマイケルのことを心配している。老母にはまだ打ち明けられないけれど、姉妹はすでに、マイケルらしき遺体が北部ドニゴールの海岸に打ち上げられたという報《しら》せを受け取っている。壁に白木の板が数枚立てかけてあるのは、棺をこしらえるための用材で、モーリャが本土から取り寄せておいたもの。石灰岩の石畳で覆われた島には灌木《かんぼく》しか育たないため、板を買い置きしておくことが、死への備えになっているのだ。

かくして舞台の奥に置かれた白木の板は、ドラマの一部始終を見守る証人にも似た存在となる。末息子のバートリーは本土へ馬を売りに行くため、悪天候を押して港へ向かう。息子を心配するモーリャはつい不吉なことばを口にしてしまう――

バートリーはもう帰ってきやしないよ。エイモンを呼んで、あの白木の板であたしの棺をつくらせておくれ。みんなが逝っちまった後まで生きることはないんだから。あたしには夫がいた。夫の父さんもいた。この家には息子が六人いた――それぞれ難産だったとはいえ、全員が立派な男に育った――それだのに見てごらん。死体が出たのも、出なかったのもいるけど、全員が逝ってしまった……

(J. M. Synge, *The Playboy of the Western World and Other Plays*, Oxford: OUP, 1998, p. 9)

予言はさらなる悲劇を呼び寄せる。しばらくすると、「灰色のポニーに蹴落とされて海へ落ちた」バートリーの溺死体《できしたい》が運び込まれてくる。最後に残った末息子までとうとう海に取られてしまったのだ。バートリーの姉キャスリーンは、バートリーをとむらうためにやってきた老人に向かって頼みごとをする――「お日様が昇ったらね、おじいさん、エイモンとふたりで棺をこしらえてください。マイケルの死体が出たときのために、母さんが買っておいた立派な白木の板があるのよ」(Synge, p. 11)。

芝居は、「永遠に生きる人間はいないんだから、あきらめるほかないさ」というモーリャの深い嘆息とともに幕となる。棺の主が変転していくところは、死をまぬがれ得ない人間の

上／町のアスファルト道を闊歩する、
現代の“海へ騎りゆく者たち”
中・下／アラン諸島の家々。この日
も雨風が強かった

運命を暗示しているかのようだ。ギリシア悲劇にも似た簡潔さと力強さをあわせもつこの戯曲を演出するうえで、舞台を見守る白木の板の存在感は絶大である。

さてここに、島と棺をめぐる物語に注釈をつけるかのような歌がある。「ムイーニッシュの歌」と呼ばれるこの歌はアイルランド語の伝承歌で、アラン諸島のすぐ北に位置するコネマラ地方で、サラ・グリーアリシュという女性が伝承していたバージョンが一九八七年に採集された。歌詞はなんと、死にかけた妻が夫に、自分の葬式と埋葬のしかたを指示するマニュアルになっている。夫婦が「メアリー」、「タイミーン」とたがいの名前を呼び合い、愛を確かめあうところから歌い起こされる歌唱はたいそう生々しい。ここでは歌の後半、メアリーが夫に遺言を切々と訴えるくだりを、英訳に頼りながら日本語に移してみよう。

もし死んでいくのがあなたで、あとに残されるのが私だとしたら
私は昼も夜もあなたのために家族を育てるでしょう。
家族みんなで田舎を歩き、ずっとクレアのほうまで出かけるでしょう。
そしてわが命あるかぎり、代わりの男が欲しいなどとは思わないでしょう。

いちばん上等な白い板を切り揃えて私の棺をつくってください。

ムイーニッシュにショーン・ハインズがいたら彼に頼んでつくらせて。
棺のなかの私の頭は帽子とリボンで素敵に飾り、遺体が安置されたなら
山のほうから三人の若い娘を呼んで哀悼歌《キーン》を歌わせてください。

私が死んだ晩に私の親戚がたずねてきたら、ちゃんと
三日三晩の通夜をさせてやってくださいね。白いクレイパイプでタバコをふるまい
酒樽《さかだる》もいくつも満たしてください。そうしたらポージーンの兄貴が
私をムイーニッシュへ運んでくれますが、さもないと荒れた日になるでしょう。

砂島《インシェ・ガニヴ》経由で西へ行くとき、マストには旗を掲げて。
レタカーリには埋葬しないで。あそこはうちのひとたちの土地ではないから。
大声で哀悼歌が歌ってもらえる西のムイーニッシュまで私を運んで。
島の浜にはたいまつが焚《た》かれ、寂しい思いをしないですむから。

(Sarah Ghriallais, *Idir Dhá Sháile*, Galway: Camus Productions, 1987, pp. 12-14)

ケルト伝説を知る読者なら、最後のところの「マストには旗を掲げて」という歌詞にどき

りとさせられるだろう。トリスタンとイズールトの悲恋物語に登場した旗を連想させる〈マストの旗〉が、現役の歌の中に生きているのだから。また、棺の材料が「白木の板」で、作り手を指名するところは、シングの戯曲と示し合わせたかのように一致している。写真家ビル・ドイルが一九六〇年代にアラン諸島でおこなわれた葬儀を撮った写真（Bill Doyle, *The Aran Islands: Another World*, Dublin: Lilliput Press, 2001 所収）には、白木の棺が組み立てられる場面が写っている。シングが劇化した世界は比較的近年まで現実に生きられていたのである。

それはさておき、「ムイーニッシュの歌」から受ける印象は、『海へ騎りゆく者たち』がはらむ荘重な悲劇性とは大違いで、奇妙に即物的である。瀕死《ひんし》の妻は、通夜のもてなしをケチると出棺の日が荒天になるとおどしたり、夫の出身地と思われるレタカーリに埋められるのはごめんだと泣きついたりしながら、自分の生まれ島であるムイーニッシュに遺体を帰してもらうまでの手順をきわめて具体的に指示する。通夜と埋葬に参列する視点からではなく、埋葬される本人の視点から歌われたこの歌が、冷徹なまでに現実的なのは驚きだ。歌というものにこんな方面の実用性があろうとは、考えたこともなかった。

18 人語を語る石——アラン諸島、ゴールウェイ州

大島《イニシュモア》、中　島《イニシュマーン》、東島《イニシーア》からなるアラン諸島は、ゴールウェイ湾の入り口に浮かぶ島々である。劇作家ジョン・ミリントン・シングが紀行文『アラン島』（一九〇七年刊）で島の風俗や伝説を英語圏の読者に紹介してから、一〇〇年以上がたつ。ロバート・フラハティ監督がセミドキュメンタリー映画『アラン』（一九三四年ヴェネツィア映画祭外国映画賞受賞）で、荒海に包囲され、耕そうにも土さえない過酷な環境で暮らす島人たちを描いたのも今は昔。団体ツアーで行けるようになった島には、ロブスターを賞味できるレストランや、しゃれたセーターを売る店もある。素朴だった島の暮らしは、長年にわたる観光化の大波に洗われた結果すっかり近代化し、俗化してしまった……。

とまあ、言って言えないこともないのだが、観光シーズンは実質夏の三ヵ月間だけなので、それ以外の季節にはよくも悪くも島はひっそりしている。島人が日常語として使うアイルランド語も、統計的な数字が示す衰退傾向を裏切って、冬場に力を蓄えてしたたかに生き延び

ている、という見方もできそうだ。

そのささやかな証拠のひとつをご紹介しよう。「糸つむぎのモーラ」という、アイルランド語で書かれた短編小説。「わたしは自分自身の経験や、知っているひとや場所を題材にしてものを書くのだけれど、口伝えの話に自分の想像を加味して、新しい物語につくりあげるのが何よりも好き」だと語る作者のダラ・オーコニーラは、中島《イニシュマーン》生まれ。現在は東島《イニシーア》で暮らす。教師をするかたわら、夏場だけ手工芸品店もいとなんでいる。生年は不詳だが、最初の著書が教育省付属アイルランド語出版部から一九七九年に出ているので、おそらく一九五〇年代生まれだろう。島に電気が通ったのはまさにその一九五〇年代だから、オーコニーラの成長期には、テレビはおろかラジオさえ珍しかったはずである。

「糸つむぎのモーラ」は創作民話に近い物語。夫に死なれたために女手ひとつで子供を育てなければならなかったモーラのお話である。

モーラは、糸つむぎと機織《はたお》りの頼まれ仕事が次々に舞い込んでくるので気をよくして、夜《よ》を日に継いで働き続ける。ところが〈霊界開扉祭《サウィン》〉の夜、思いもかけなかった異変が起こる。〈霊界開扉祭《サウィン》〉とは、ケルト暦で冬の始まりを画す十一月一日のこと。キリスト教化されて〈諸聖人の祝日〉と呼ばれるようになり、その前夜（というか、かつて一日は夜からはじまった）の〈ハロウィーン〉には、子供たちが仮装して家々をまわる習俗がひろくおこなわれているけれど、そもそも秋と冬の狭間《はざま》にあたるこの夜には、異界と人間界を隔てる扉が開き、妖精《ようせい》や死者の亡霊たちがこちら側へやってきたのである。モーラの家にわらわらと乗り込んできた妖精の一群は、自分たちの領分である夜の世界にはみ出して働き続けるモーラに、ご立腹のようすである。物語を日本語に吹き替えて拾い読みしてみよう。

「われらはずっときいてたどー
われらはずっといたんだどー
たかいかやすいかべつにして
夜がわけまえもらわにゃすまんど……」

ひとりがこう言いながら暖炉を棍棒《こんぼう》でぶんなぐったので、灰があたりに飛び散った。

「われらのくろうはわれらにまかせ
そおっとしといてくれるのがさだめ
そおっとしといてくれんとあらば
べんしょーはらえ　べんしょーよこせ……」

こう歌ったのは、干し草をちんまり束ねたような小女《こおんな》である。そこいらじゅうを踊り回りながら、カミソリガイをいくつも空中に投げ上げては、いともたやすく受け止めてみせた。別の者が口を開く。

「日《ひ》中《なか》はおんなにくれてやれ
夜はわれらのりょうぶんだ
いまとこれからすうじかん
つむぎ車はしまわにゃならんど……」

それから皆で声を揃えてこう続ける。

「ふーら　はーら
糸つむぎのモーラ……」

なんべんもなんべんも。その後、いままで以上の気迫を込めて、訪問者全員が声を揃える。

「こっちへこーい　こっちへこい
こっちへこーい　こっちへこい
プーカがきてるど
プーカはすぐそこ……」

(Dara Ó Conaola, 'Spinning Maura,' in *Night Ructions: Selected Short Stories*, tr. from the Irish by Gabriel Rosenstock, Indreabhán, Conamara: Cló Iar-Chonnachta, 1990, pp. 21–22)

プーカとは、馬をはじめさまざまな動物の姿に化けて、人間に過剰ないたずらをしかける妖精の親玉。モーラは親玉の到着が遅れているのを不幸中の幸いと見て、招かざる深夜の客たちをお茶でもてなし、なだめようと考えた。そして崖下の井戸まで行って水を汲《く》んだ帰りに、石ころにつまずいた。

「いまいましい石」腹立ち紛れにモーラが口を開く。「どこか別の場所にころがっていられなかったの?」

「あたしに向かってそんな口をきくんじゃないよ」石が答えた。

石がしゃべった? ありえない。石がしゃべるのを聞いた人間などいまだかつていないはず。ところが石の話にはまだ続きがあった。

「あたしが誰だかわからないのかい?」石が言う。

今度こそ間違いなく石がしゃべっている。モーラはそれが確かにわかった。天にいます神様! なんてめちゃくちゃな晩なのでしょう!

「ごめんなさい」とモーラが返す。「わたしにはあなたが誰だか……」

「あたしはおまえの母さんだよ。あたしの言うことをよく聞くんだ……」

「かあさんって言ったって、もう死んでから何年にもなるじゃないの」

「たしかにあたしなんだよ。いいかい、今はぼやぼやしてる場合じゃない。一分たりとも無駄にしちゃだめ。あたしが言うことをよく聞いとけば、裕福になれるからね。よく聞くんだ。家に来てるのは悪い連中だよ。〈よきひとびと〉にはつきあいやすいのと敵意丸出しのと二種類があるんだけど、今来ているのは、仕返しをやり遂げないかぎり気がすまないたちのほうの連中なんだ」

「でもわたしはあのひとたちになにも悪いことしてないのに」とモーラが反論する。

「悪いことしてないだって？」と石が返す。「こりゃあ驚いた。あたしが聞いた話はずいぶん違ってるよ。おまえは長いこと毎晩夜更かししてきただろう……そう、夜なべしごとだよ、毎晩の。連中はそれが気にくわないのさ。夜は連中の領分だからね。あの連中は自分たちのものには怠りなく目を配っているし、神様だって、おまえみたいに他人様《ひとさま》のものに手を出す者はお見通しだ……」

（Ó Conaola, p. 23）


「それじゃあ、わたしは今どうしたらいいの？」とモーラが必死で尋ねると、石は、「精一杯声をはりあげて、クノッカンマーが火事だって叫ぶんだ。どうなるかは見てのお楽しみさ」と秘策を伝授する。言われたとおりにしてみると、居座っていた妖精たちはこけつまろびつ逃げ去った。モーラはそれ以後、夜分には二度とつむぎ車に手を触れなかったというお話である。

「糸つむぎのモーラ」という物語がいくぶんか、古きよき〈妖精たちのアイルランド〉を演じているのは否定できない。だがその一方で、〈死者の魂は生者に近いところでいつも見守っている〉というキリスト教以前の死生観が、島人の精神の古層をリアルに映し出しているのも事実である。実際、アラン諸島を舞台にした現代の戯曲『夢の島イニシュマーン』(マーティン・マクドナー作、一九九六年初演、日本でも翻訳上演された)にも、石ころと語り合う女性が登場する。現場を目撃した若者はこう語る――「おばさんは『どう、元気、石』って話しかけて、石を自分の耳元へ持っていったんだよ、まるで石が返答するみたいにさ」(Martin McDonagh, *The Cripple of Inishmaan*, London: Methuen Drama, 1997, p. 47)。このおばさんは困ったことがあるたびに石に相談しているらしい。おそらくこの芝居も、観客が期待する〈妖精たちのアイルランド〉を演じてみせているに違いないが、火のないところに煙は立たないのも確かだろう。島人の精神の底知れぬ古層が、近代化の水面下でこっそり生き延びている可能性は大いにあり得るのだ。

19　土地の物語に耳を澄ます――スライゴー、ガラヴォーグ川、ベン・ブルベン山、ノックナリ山など、スライゴー州

西北部の港町スライゴーとその周辺は、詩人W・B・イェイツの原風景である。彼は一八六五年ダブリンに生まれたが、出生直後、弁護士免許を持つ父が画家に転向すべくロンドンへ出たために、スライゴーの母の実家に預けられて暮らすことが多かった。少年時代にはロンドンの学校が休暇に入ると毎年必ずこの港町で数週間を過ごし、二十歳代になってもことあるごとに長期滞在した。母の実家は多数の商船を抱えるアングロ・アイリッシュ系の素封家だったが、イェイツが幼い頃には妖精のことをまるで自分の友達のように話す家政婦がおり、長じてからは占星術を愛好するおじが伝説を語ってくれた。それゆえ彼の文学の背景には、土地に根ざした説話や伝説の数々と、それらを語るひとびとの姿が見えかくれしている。「ジョン・シャーマン」という初期の中編小説がある。そこに登場するバラーという町のモデルがスライゴーなので、ちょっと覗いてみよう。この町出身で今はロンドンに暮らす夢見がちな青年（ということはつまりイェイツ本人によく似た）ジョン・シャーマンが、しばらく

ぶりに故郷へ帰ってきた場面である。

町の通りを歩き回るうちに、彼の心はなつかしい場所や眺めをもとめてさまよった。今にもつぶれそうな藁葺きの家々が身を寄せ合っているところ。スレート葺きの商店が並ぶ通り。スグリを売る女たち。川に架かる橋。昔の家主の亡霊がウサギに化けて庭師の前にあらわれるという庭園を囲った高い塀。頭のない兵士と出くわすのが怖いので、夕暮れ時には決して子供が近づかない街角。さびれた粉屋。草ぼうぼうの波止場。（中略）灰色の雲がいくつも町にかかり、雲の影が続けざまに飛んでいく。マイル・ドゥーンが見たという、生命の水を求めて飛ぶ鷺たちにそっくりだ。下界の通りにには人間たちがいる。田舎のひとびと、町のひとびと、旅人、籠を抱えた女たち、ロバを追う少年たち、杖を突く老人たち。見知った顔また顔。知っている顔があらわれて、なつかしい声でおかえりを告げる。

（W. B. Yeats, *John Sherman and Dhoya*, ed. Richard J. Finneran, Detroit: Wayne State UP, 1969, pp. 78-79）

イェイツの文学の出発点には場所があった。彼にとって特別なその場所は、積み重ねられていく個人的な体験のなかで徐々に発見されていったようだ。ぼくも彼に倣って、自分自身の経験からはじめてみよう。

ワイン通り。かつて舶来の葡萄《ぶどう》酒の貯蔵倉が並んでいたというこの通りには、港町の最盛期に創業された百貨店が健在で、そのはす向かいにマイケル・クアークの店がある。先祖がコークのひとで、「コーク出身の《ウァ・クァーク》」というアイルランド語名が英語化した名字なのだそうだ。家業は代々肉屋だが、アイルランド神話や伝説にちなんだ木像を趣味で彫り、店内に並べているうちに、肉を切り分けるより木を刻むほうが本業になってしまった。店内には客用のスペースと仕事場を二分する長いカウンターがあって、今でも肉屋時代のおもかげをとどめている。一枚ガラスのショーウインドウには、女王メーヴ、詩人アマーギン、常若《とこわか》の国から帰ったアシーンなど、亜麻仁《あまにゆ》油を染みこませた木彫像が勢揃いしている。〈円空《えんくう》の切れ味と木喰《もくじき》の和みをあわせもった作風〉と誉めたら、ひいき目にすぎるだろうか。ブナやカエデの風倒木から木槌《きづち》とノミで彫り出した像には、シンボリックなイメージを組み合わせたトーテムポールの趣もある。

スライゴーに滞在中のある日、この店にふらりと立ち寄って以来、何度か通ってマイケルとよもやま話をした。そのうちにふと思いついて、「樹々を誉めるスウィーニー」の像をつくってもらうことにした。というのも、シェイマス・ヒーニーが英訳版を出している中世の詩物語『さまよえるスウィーニー』が話題になったとき、「あの本のなかではなんといっても、鳥になったスウィーニーがいろいろな樹々の名前をあげて誉めているところが圧巻ですね」ということで意気投合したからだ。

数日後店を訪ねると、マイケルはにこにこしながらスウィーニーをさしだしてくれた。魔除けの意味を持つトネリコ材の丸太から彫り出されたのは、さまざまな木々の葉に埋もれるように腰掛けた裸の男。頭上には一羽の雁《がん》、足下に猟犬、背面には彼が最後に見た風景——ガラヴォーグ川を背景にしたシュリーヴ・ドーエーニャ山の稜線《りょうせん》——が、力強い線で刻まれている。彫像をぼくに手渡すとき、マイケルが物語を語ってくれた。その場でとったメモを頼りに話の内容を再現してみよう——

スライゴーあたりでは、ヒーニーの英訳版とはちょっと違って、スウィーニーの物語はこんなふうに伝わっている。大昔、バリファーナン(地名の意味は「ハンノキの茂る浅瀬のはじまるところ」、スライゴーの南東一五マイルにある)を治めていた異教徒の王スウィーニーは、キリスト教の教会を建てようとした聖ローナンに悪さをしかけてとがめられ、罰として荒野をさまよう鳥に姿を変えられてしまった。王妃のヨーランは赦《ゆる》しを乞うようスウィーニーにすすめたが、彼は言うことを聞かず、どこかへ飛び去ってしまった。宿無しのスウィーニーは、ときには森の樹木を誉める歌を歌ったりしながら、いろいろな苦しみを味わうことになる。最後には、シュリーヴ・ドーエーニャ（二羽の鳥山）の山頂にあるクルース・ナ・ベア（裸の老女の寝床）と呼ばれる、世界一深い湖をめがけて、螺旋を描いてまっさかさまに飛び込んでいった。シュリーヴ・ドーエーニャは、頂上に石塚があるので乳房そっくりに見える双子山の真ん中から、第三の山の頂上がちょこんと見える。スウィーニーは大地の胎内へ帰っていったわけだ。急降下してゆく彼は雄の雁の姿をしていた。ガルヴ・オーク（乱暴な悪い奴）という雌雁が一緒だったという。地底の暗黒世界へ突っ込んだスウィーニーは、究極の真理を見極めることができる目を失った。彼は暗黒の中でドーヴァール・クー（暗黒の猟犬）と出会う。こいつは人間の霊魂を食らう。スウィーニーには自分で自分を追いつめたようなところがあるけれど、その愚かさが彼の魅力だ。この像が左手で左目を覆い隠し、右目を驚いたように見開いているのは、恐怖と絶望と啓示が入り交じったポーズだ。絶望の極みにあって、彼の想像力は大きく目を見張っている。［引用者注――後日気づいたのだが、この姿は、ミケランジェロがシスティーナ礼拝堂に描いた壁画「最後の審判」のなかで、鬼たちの手で地獄の川へ引きずり落とされようとしている男によく似ている。マイケルがミケランジェロを頭に置いていたかどうかはわからない］

マイケルはこの話をしながら、一枚の紙に地図を描いてくれた。真ん中にスライゴー（貝がざくざくあるところ）の町、町を横切ってガラヴォーグ川（「ガラヴォーグ」は雌雁の名前「ガルヴ・オーク」が英語化したもの）、左は水源のギル湖（輝く湖）、右はスライゴー湾、手前にはベン・ブルベン山（尖《とが》った嘴《くちばし》）、左奥の湖の向こうにはシュリーヴ・ドーエーニャ山、右奥の湾に面しているのは、女王メーヴが埋葬されたと伝えられる石塚が頂上に見えるノッ

上／スライゴーに立つイェイツ像。身体に詩文が彫られている
下／ギル湖から見たベン・ブルベン山

クナリ山（処刑の丘）。そのふもとには血に染まった槍《やり》を持ったまま直立した姿で埋葬されているという、コナハト最後の王オウエン・ベルの塚。三つの山に囲まれたこの地勢図はスウィーニーが見、イェイツが眺め、現在のぼくたちも見ることのできる景色である。

ぼくは今、マイケル・クアークが語ってくれた話を書き記しながら、彼が教えてくれたアイルランド語の地名の意味を書き添えてみた。地元の語り部から昔話を聞いた若き日のイェイツの気持ちが少しだけわかったような気がする。都会っ子の彼はアイルランド語ができなかったので、地名にこめられた不思議な歴史やわかりにくい言い回しの意味を尋ねたりしながら、スライゴーのひとびとが語る伝説や妖精の噂話に聞き入ったに違いない。

たとえば、詩「群れをなして飛ぶ妖精たち」には、スライゴー周辺の地理がこんなふうにとりいれられている。

　ノックナリから乗り出した妖精の群れが
　クルース・ナ・ベアの墓を越えていく
　クィールチェは燃え立つ髪を振りながら
　ニーアヴは叫びながら――やってこい、逃れておいで
　どうせいつかは死ぬ人間の見る夢なんか捨てちまえ

こんどは「赤毛のハンラハンが歌うアイルランドの歌」という詩の一節——

風は雲を吹き上げて　ノックナリの高みまで、
女王メーヴの石塚に　容赦なく雷を振り落とす。
ざわめく雲さながらの憤怒は　われらの心臓を高鳴らせるが、
われらは身を低く　低くかがめて口づけした、
フーリハンの娘　カスリーンの音ひとつたてぬお御足《みあし》に。

（Yeats, *The Poems*, p. 72）

クルース・ナ・ベアの高みでは　黄ばんだ池の水があふれる、
ねばつくような大気から　湿った風が吹き出したゆえ。
われらの身とわれらの血潮は　猛烈な洪水のよう。
十字架に捧げた丈高い蠟燭《ろうそく》よりも　汚れなきお方、
われらがカスリーン　かのフーリハンの娘。

（Yeats, *The Poems*, pp. 107-108）

イェイツの手にかかるとスライゴー周辺の地勢がにわかに活気づいてくる。少しだけ注釈を補っておくと、両方の詩に出てくる「クルース・ナ・ベア」は、マイケル・クアークによればスウィーニーが飛び込んだ湖の呼び名だが、イェイツによればその名の起源は、「妖精の（不死の）命」を与えられた年老いた（人間の）女の名前である。すなわち、「クルース・ナ・ベアは人間だったので妖精の命に飽き飽きして、丘から湖へ、湖から丘へと飛び歩き、足が触れたところに石塚を積んで目印にしながら、自分の命を溺れさせられるくらい深い湖を探した末、とうとうスライゴーの二羽の鳥山の頂に、小さいけれど世界で一番深いイア湖という湖を見つけた」（W. B. Yeats, *The Celtic Twilight*, Gerrards Cross: Colin Smythe, 1981, pp. 98-99）のだ。こう説明してもらうと、放浪に疲れたスウィーニーもクルース・ナ・ベアの同類で、どうやら「自分の命を溺れさせ」たらしい、とわかってくるからおもしろい。

「ノックナリ」には、本章の冒頭で紹介した小説の主人公ジョン・シャーマンが深夜登山し、頂上の石塚の上で物思いに耽《ふけ》る。また同じ小説のなかで、この山が「処刑の丘」と呼ばれているのは、「伝説の時代に囚人たちが月への生け贄として処刑されたところ」だからだと説明されている。もうひとつ、二つ目の引用に出てくる「フーリハンの娘カスリーン」というのは、イェイツの戯曲『カスリーン・ニ・フーリハン』にも登場するアイルランド国土が擬人化された女性、あるいは地母神のこと。したがって、詩のなかの「われら」は、母なる大地に口づけしたのである。

　イェイツはこうやって、慣れ親しんだ土地に刻み込まれた物語を掘り起こしては、その上に自分の物語を重ね書きしていった。口伝えされてきた物語は彼の手で書きとめられ、息の根を止められると同時に、文学として新たな命を与えられたのである。彼の探究の足跡をさかのぼると、場所が語る声に耳を傾けた先人たちの仕事を整理することからはじめたのがわかる。一八八八年、既刊の各種民話集から内容を選りすぐって再編集し、序文と解説をつけた『アイルランド各地方の妖精譚と民話』が出版された。これはイェイツが人生で最初に出した本だったが、才人オスカー・ワイルドが編集人を務め、大いに部数を伸ばした雑誌『婦人世界』にワイルド本人が書評を書いて、「純粋な想像力にあふれた民話集に出会うのはうれしい喜びであり、イェイツ氏はアイルランド民話の中で最も優れたもの、最も美しいものを選び出すきわめて鋭い直観の持ち主である」（Robert Ross, ed., *The Collected Works of Oscar Wilde*, vol. 13, London: Routledge / Thoemmes Press, 1993, pp. 410-411）と絶賛した。イェイツは大喜びしたに違いない。彼は一八九二年に続編『アイルランドの妖精譚』、九三年には自分自身で収集・再話した妖精物語集『ケルトの薄明』、九七年には民話のスタイルに似せた創作物語集『神秘の薔薇《ばら》』を次々に出版する。一見地味な民話の収集と創作の試みが、若い詩人の背骨を頑丈に育て上げたのだ。

20　ブナの木のケルト暦——スライゴー、スライゴー州

港町スライゴーは、毎年夏の二週間だけたいそうにぎわう。ノーベル賞詩人イェイツを顕彰するサマースクールが開催され、彼の文学を愛する研究者や書き手たちが世界中から集まってくるよき伝統があるからだ。だがそれ以外の季節にこの町へやってきても、眠ったような町に見どころはないから、意地悪く降り続く小雨の中で旅人は途方に暮れるばかりである……かというと、ぜんぜんそんなことはない。「ハコモノを追うな、ひとを追え」——いつしか身についたアイルランドの旅の鉄則に導かれるまま、ゴールウェイを訪れたついでに足を延ばし、バスに三時間揺られて、スライゴーへまた来てしまった。初夏とはいえまだ肌寒い日のことである。

目的は木彫家のマイケル・クアーク氏を訪ねるためである。肉屋から彫刻家に転じて二十数年、七十歳を過ぎた彼はますます悠々自適の日々を送っている。〈木々を誉めるスウィーニー〉、〈女王メーヴ〉、〈クー・フリン〉、イェイツの詩句をタイトルにした〈ファーガスと

行くのは誰か〉など、彼の作品はいくつも持っているけれど、また何かひとつ欲しくなったのだ。「しばらくぶりにまた来ました」と自己紹介すると、世間話でもするみたいにケルトの神々や英雄たちの噂話がはじまる。ちょうど古代の英雄物語『トーイン――クアルンゲの牛捕り』を翻訳している最中だったので、妊娠中の身でむりやり馬と競走させられた腹いせにアルスターの戦士たちに呪いをかけた〈俊足の女マハ〉の像にぼくが目をとめると、「なあに、マハっていう名前は《馬》の意味で、ようするに彼女じしんが馬だったんだからね。マハは戦士たちに悪夢を見せる雌馬なんだ」という卓説が返ってくる。

空想の世界を駆け巡るような話を二時間ほど堪能《たんのう》した末に、この日ぼくが選んだのは、高さ二〇センチほどの作品だった。ブナ材の四角柱の四隅を鼻に見立て、四面の顔が各々隣あった顔と片目を共有している頭像で、モアイ像を四面像にしたような感じ。首には襟巻きのように、自分の尻尾をくわえたドラゴンが巻きついており、あたまのてっぺんにも渦巻きがぐりぐりと刻まれている。「これはどんな像なんですか?」という質問に答えたマイケルの話をかいつまんで紹介すると、次のような内容になる――

タイトルをつけるなら〈ダーナ神族の四季の英雄〉。〈ダーナ神族〉とは知ってのとおり、アイルランドへやってきた四番目の部族で、やがて後からきた〈ミールの息子たち〉と呼ばれる部族との戦に負けて地下世界に潜り、妖精になるのだが、ここに彫ったのは彼らの四人の英雄だ。まずこれがルーで、光り輝く万能の若者。アイルランド語でルーナサと言えば八月、その一日が彼の祝日。次にこのあかんべえをしているのが、オグマ。雄弁と英知をつかさどる者で、古代碑文に使われたオガム文字の発明者と言われている。サウィン（十一月一日）の守り神。口がヒイラギになっているのがダグダ・モール。「大きな父さん」くらいの意味だ。豊穣《ほうじょう》の男神で、二月一日のイン

上／木彫家マイケル・クァーク氏。
下／〈ダーナ神族の四季の英雄〉像。
正面はルーナサ

ボルグの祭りの神。この日はキリスト教にとりこまれたケルトの女神、聖ブリジッドの祝日で、彼女はダグダの娘と言われているが、本当はこのふたりは夫婦だったと思う。四人目の、歯を見せているのが抜け目のない鍛冶屋《かじや》、ゴバーン・サオール。五月祭（一日）の守り神だ。これで一年の暦が一回り。尻尾をかんでいるドラゴンはクロム・クルーで、螺旋をつかさどる存在。男女、上下、凸凹など、相反するものの変容と動的調和をつかさどっている。〔引用者注――後から調べてわかったが、クロム・クルーというのは聖パトリックがアイルランドから追い出した蛇〈異教性を象徴する偶像〉のことだった〕

代金をまけてくれるというマイケルに、「ほんとにその値段でいいんですか？」と尋ねると、「客あっての店だからね。お客様がまた来ようと思ってくれなかったらおしまいだよ」と答えた。肉屋が使うのと同じ茶紙にくるまれて手渡された木像は持ち重りがした。彫刻の形をしたそのケルトの暦を抱えて、ぼくはうきうき宿へ帰った。その晩、地元の音楽パブで伝統音楽のセッションを楽しみながら、ギネスに酔いしれたのは言うまでもない。スライゴーはフィドルやフルートの演奏家の層が分厚いことでは知る人ぞ知る町なのだ。ハコモノではない。ひとあってこその町である。

第三部　マンスター（南部）、アルスター（北部）とベルファスト

上／アラン諸島東島《イニシーア》の古井戸
中／ＩＲＡの活動家ボビー・サンズを讃えた壁画、フォールズ・ロードで
下／Ｕ２が使ったレコーディングスタジオの壁

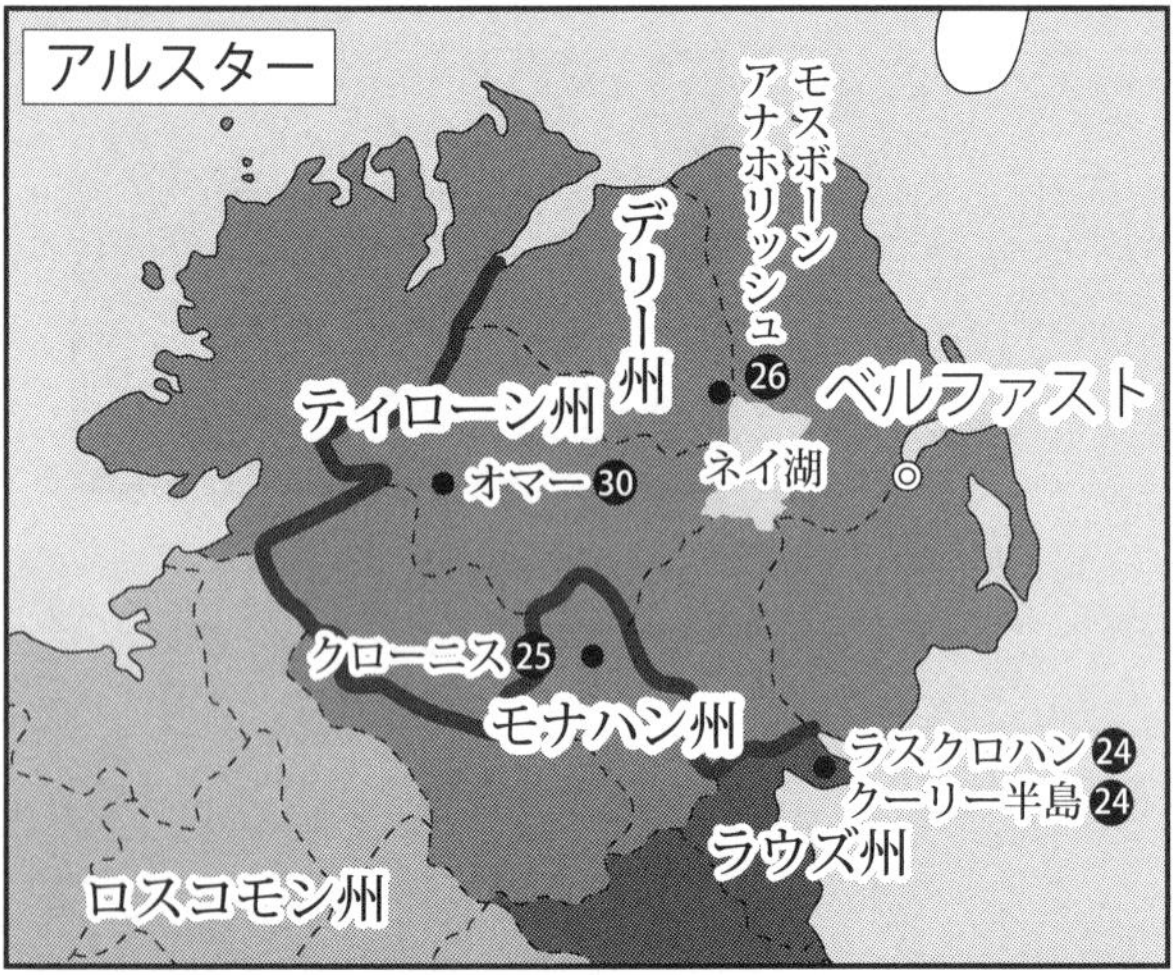
アルスター
モスボーン
アナホリッシュ 26
デリー州
ティローン州
ベルファスト
オマー 30
ネイ湖
クローニス 25
モナハン州
ラスクロハン 24
クーリー半島 24
ラウズ州
ロスコモン州

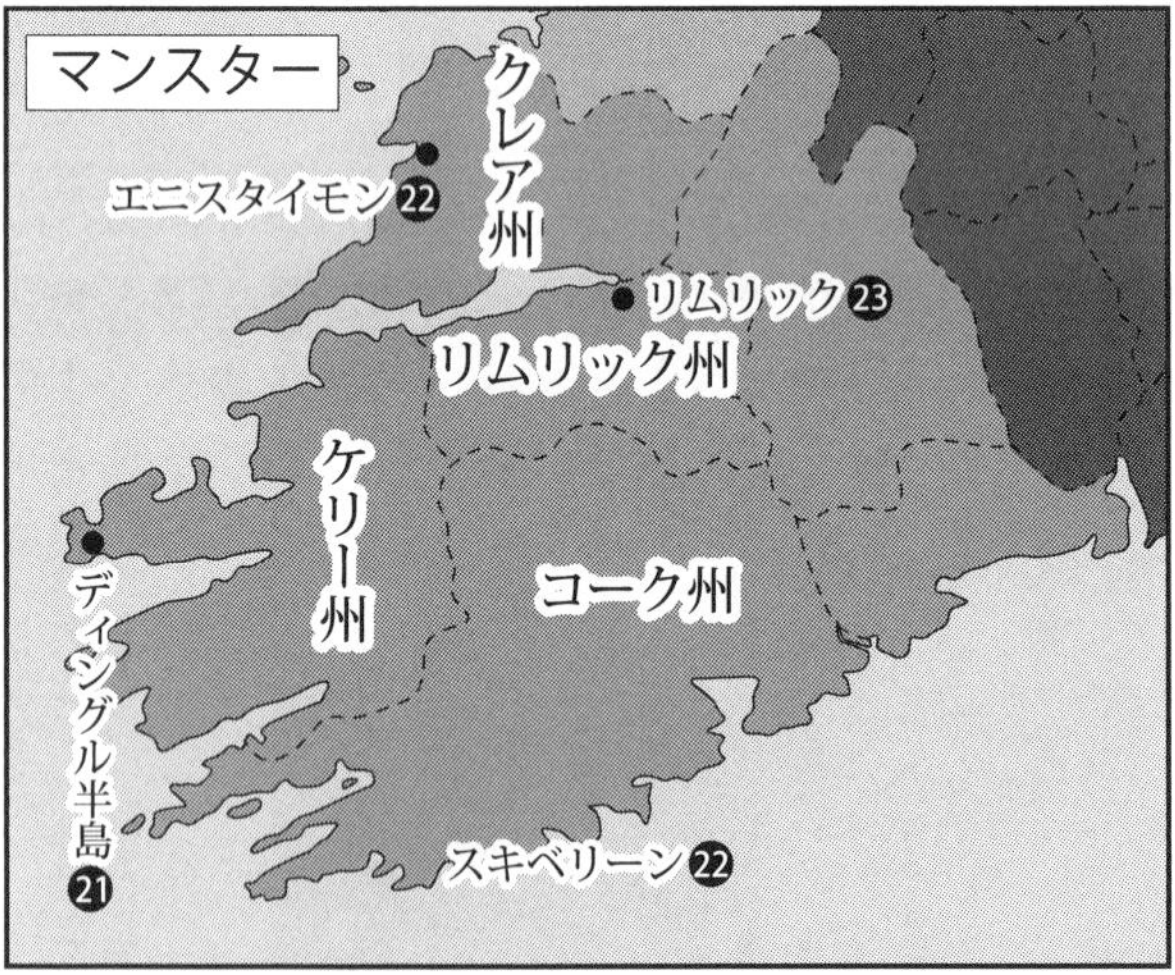
マンスター
クレア州
エニスタイモン 22
リムリック 23
リムリック州
ケリー州
ディングル半島 21
コーク州
スキベリーン 22

21　風景と人間を結ぶ魔法——ディングル半島、ケリー州

わたしは海に息を吹く風
わたしは海原に立つうねり
わたしは波のざわめき
わたしは七戦をへた雄牛
わたしは岩角に立つ猛禽《もうきん》
わたしは太陽の光の束
わたしは最も麗しい緑
わたしは勇猛果敢な猪
わたしは水を得た鮭《さけ》
わたしは平野に眠る湖
わたしは技を語ることば

わたしはいくさの槍の穂先
頭の中に炎を灯した神は誰あろうわたしである
山上の集会に明かりを灯す者があろうか？
月齢を知らせる者があろうか？
太陽に休み場を教える者があろうか？

（わたしの他に）

（"The Mystery", tr. Douglas Hyde, in Brendan Kennelly, ed., *Between Innocence and Peace: Favorite Poems of Ireland*, Cork: Mercier Press, 1993, pp. 209-210）

まずこのことばを声に出してとなえてみていただきたい。どこからともなく全能感が湧き出してこないだろうか？　そして、森羅万象と自分が一体になったような気分に襲われはしないだろうか？　現代人はそれらをたんなる錯覚だと片づけてしまいがちなのだが、かつて詩人のことばには観念を実体化させる魔力があった。詩人のことばは、現代のマスメディアが放つことばに勝るとも劣らない、祝福や呪縛や呪詛をつかさどる言霊《ことだま》を帯びていたのだ。ことばは、取り扱いに細心の注意と熟練を要する危険物だったから、詩人は当然のこととして魔術師や祭司を兼務していた。古代において詩人が尊敬され、恐れられていたのは、これが理由である。

たった今朗唱してもらったのは、アイルランド人の神話的祖先である〈ミールの息子たち〉と呼ばれる部族が太古の昔、アイルランドにはじめて上陸しようとしたとき、〈白膝《しろひざ》のアワルギン〉という詩人が、右足を大地へ下ろすとともに唱えたとされる魔法のことばである。詩人は新しい土地の森羅万象を名指しすることによって相手を味方につけ、自分が代表する部族の行為を正当化し、あらかじめ祝福してしまおうとするかのようだ。この歌（あるいは呪文と呼ぶべきか？）は、十一世紀に創作されたと伝えられる擬似歴史書、『アイルランド来寇《らいこう》の書』に載っている。この歌が出てくる直前のところを読んでみると、〈ミールの息子たち〉は「アイルランド沿岸を三回回ったあげくついにインヴェル・シュケーネに上陸した」（http://www.maryjones.us/crexts/lebor5.html）と書いてある。この「インヴェル・シュケーネ」なる場所は、アイルランド南西部ケリー州のどこかであったらしい。キラーニーの南に切れ込んだ湾の最奥のケンメア、さらに南のバントリー、あるいはまた、ディングル半島のヴェントリーだとする説を読んだことがある。

そもそもが偽史である以上、神話的部族の上陸地点を詮索してもあまり意味はなさそうだが、〈ミールの息子たち〉はイベリア半島から渡ってきたとされているので、地中海的な風光で知られるディングルに上陸させてみたくなる。美しい弧を描くヴェントリー湾はディングル半島の突端近くにあり、付近一帯はゲールタハトである。〈ゲールタハト〉とは、スコットランド語やウェールズ語と並ぶケルト諸語のひとつであるアイルランド語が、日常語として使われている地域のことだ（アイルランド語は、アイルランド共和国憲法により第一公用語と定められているが、二〇一一年現在、日常語として使用している話者の数は約九万四〇〇〇人〔人口の約2%〕と少ない）。幸運にもある年の夏、日本の詩人たちのお供で旅をしていたとき、ぼくはヴェントリーの海を望む別荘にお招《よ》ばれして、三日間ほど過ごした。アザミとフューシャが咲き乱れる季節だった。生け垣のブラックベリーをたくさん摘んで、朝食のオートミールに入れたのを思い出す。別荘の主人はアイルランド語で書く女性詩人、ヌーラ・ニー・ゴーノル。彼女はこの土地で少女時代を過ごしたせいで、地元の風光が体に染みついているらしい。「山女」という詩を読むと、詩人自身によく似た語り手が土地の風景そのものに化身している。四連ある詩の最初の連を吹き替えてみよう——

いつだったか、大地になった夢を見て／ヴェントリー教区の縦横／東西いっぱいに寝そべった。／ミーリーンの崖が／おでこで、鷲ヶ山が／ふくれた脇腹、／斜面が／両脚の脛《すね》と背骨。／双子岩がわたしの両足で／波がちゃぷちゃぷ洗っていた。／古いフィニアン戦士団の物語に出てくる／パークモアのあの双子岩。

(Nuala Ní Dhomhnaill, *Pharaoh's Daughter*, Oldcastle: The Gallery Press, 1990, pp. 134-135)

詩の後半では、語り手がこの夢を見てから二年後、彼女の娘がヴェントリーの浜を散歩していると、山が巨大な女に変容して、娘をむさぼり食おうと迫ってくる幻を見る。この詩はもちろん、母娘の間にわだかまる心理的葛藤《かっとう》の深層を映し出していると読めるだろう。母は子供を優しくはぐくむとともに、隙あらば食い尽くそうと狙う存在にもなり得るからである。だがぼくが興味を引かれるのは、神話的象徴が描き出す心理劇を背後から見守る、入り江と山と岩のほうだ。手つかずの自然が残っているように見えるヴェントリー湾は、〈ミールの息子たち〉が上陸して以来ひとびとが住みこなし、耕し、家畜を飼い、土地に歴史を刻みつけてきた。この場所の風景は、本当はとても人間くさい。〈白膝のアワルギン〉がはじめてアイルランドの自然力を味方につけてから途方もない時間が流れた今日、風景と人間を結ぶ魔法を信じ、地母神の口寄《くちよ》せをする詩人がいるのを知って胸が躍った。森羅万象と人間との一体感を「錯覚」のひとことで片づけてしまわずに、危険物としてのことばが生み出す魔法と直接向き合おうとする精神は滅びていなかったのだ。

ディングルの大地に豊かに栄える自然力の存在が透けて見える作品を、もうひとつご紹介したい。突飛に響くかもしれないけれど、デヴィッド・リーン監督の映画『ライアンの娘』

(一九七〇年公開)がそれだ。この映画はほぼ全編がディングル半島で撮影された。しかも重要なロケ地のほとんどは、さきほどの詩に登場した「ふくれた鷲ヶ山」からそう遠くない地域に集中している。ヴェントリーから見ると山の裏側にあたる、ダンクィンの村に近い台地や海岸で映画の大半が撮影されたのだ。したがって「山女」の詩と『ライアンの娘』は、地母神のテリトリーを共有していると言ってさしつかえない。そのことを頭に置いて七〇ミリフィルムで撮影された三時間を超す大作——しばしば「叙事詩《エピック》」と形容される——を見直すと、この映画の主人公が海と空と山であったことにあらためて気づかされる。

物語は、フローベールの『ボヴァリー夫人』を思わせる退屈な夫婦生活と、独立へ向かうアイルランドの激動の歴史がぶつかるところから立ち上がる。舞台は片田舎の村。周囲から一目おかれるパブの主人ライアン氏を父として、甘やかされて育ったせいで、夢ばかり見ている童女のような箱入り娘がいる。彼女は、中年の小学校教師をむりやり口説き落として結婚するものの、案の定刺激のない暮らしに耐えられなくなり、許されざる相手と浮気をしてしまう。時代は第一次世界大戦のさなか、アイルランドでは独立運動が活発化している。近くにイギリス軍の治安部隊が駐留しているにもかかわらず、民族主義に駆り立てられた村人たちはドイツ軍から武器を密輸しようと企てている。激しい嵐の日、岩場に打ち上げられた銃器の木箱を村人たちが総出で引き上げようとする場面で、内部情報がイギリス軍に漏れていたことが判明する。密告者は意外な人物だった。男女関係がつくりだす内密で小さな世界と、村人とイギリス軍の対立が繰り広げる群衆ドラマの世界がもつれあいながら、時限発火装置を秘めたかのような静かな結末へと、物語はなだれ込んでいく。

『ライアンの娘』において、家族と共同体が織りなす大小ふたつの物語を映像的に束ねているのは、ディングル半島の雄大な風景に他ならない。この映画が持つ叙事詩的なインパクトは、伝統工法でまるごとつくられた村のオープンセットや、浜辺を俯瞰する遠大なショットや、本物の嵐の到来を待ちに待って撮影された武器の密輸シーンなど、本物の風景だけが持つ、有無を言わせぬ存在感に大きく依存しているのだ。この映画は毀誉褒貶《きよほうへん》が激しく、とりわけ酷評されることが多かったなかで、迫力あふれる映像のスケール感そのものが弱点である、と評価されたのは大きな痛手だった。アメリカの映画評論家ロジャー・エバートは、『ライアンの娘』が公開された直後に、「巨大な崖の上を豆粒のような人物が走っていく」映画冒頭のショットをとりあげてこう指摘した――「このショットが映画全体のトーンを如実に予告している。リーン監督が繰り出す登場人物たちはみな、シナリオ的にも演技的にも申し分ないにもかかわらず、映像のスケールが巨大すぎるために、結局はちっぽけに見えてしまうのだ」（http//rogerebert.suntimes.com/apps/pbcs.dll/article?）。

エバート氏の慧眼《けいがん》はこの映画の本質を鋭く見抜いていると思うので、反論するつもりはない。ぼくが少々立ち止まって考えてみたいのは、監督が巨大すぎる「スケール」を選び取った理由についてである。『アラビアのロレンス』と『ドクトル・ジバゴ』で叙事詩的なスケール感を追求してきたリーン監督は、新しい映画のためのロケ地としてディングル半島に白羽の矢を立てたとき、この土地の地霊の威力を感じ取りはしなかっただろうか？　そして、『ライアンの娘』の物語を映像化していくプロセスで、無意識だったかもしれないが、監督は地霊の役割を代行しようとしたのではないか？　この映画において風景が大きすぎ、登場人物たちが小さく見えすぎるのは、自然力と人間とが乖離《かいり》しているせいではないか？

映画という現代の魔法は、詩人のことばなら達成できた、風景と人間とを結ぶ魔法をやりそこなったのだ、とぼくは思う。大きすぎる風景の中を豆粒大の登場人物たちが右往左往しているのは、失われた地霊との接点を探しあぐねているせいだろう。ディングルの大地に栄える自然力に期待したリーン監督の直観は正しかった。正しかったものの、相手の存在がしたたかすぎたせいで、カメラの魔力で手なずけようとしたよそ者の手には負えなかったのである。うっかり味方につけ損なったが最後、風景は人間の手に負えなくなるまで野生化する。それを思えば、「山女」の詩の中で娘をむさぼり食おうとした山女などは、まだしも人間的なスケールだったのだ……。ぼくはそんな思いに耽りながら、大きなテレビに『ライアンの娘』のＤＶＤを映して、名監督が犯したあまりにも美しい失敗を堪能していた。

22　「大飢餓」を語り継ぐ――エニスタイモン、クレア州、およびスキベリーン、コーク州

〈ケルティック・タイガー〉といえば今は昔、一九九五年頃から二〇〇七年頃にかけて起きた、アイルランド経済の大躍進につけられたあだ名である。あの一〇年余り、ぼくはしばしばアイルランド各地を旅してまわった。今思い出すのは、西部クレア州の市場町エニスタイモンを訪れた日に、町はずれの牧草地を散歩したときのことだ。草の上に紙切れが落ちているのが目に止まったので、拾い上げて読んでみたら、短い文章が書いてあった。物好きにもその場で写真まで撮ったから、今でも内容を書き写すことができる――「昔あるときここで飢饉《ききん》があった／けど／恐れることはない。だって今は／たくさんたくさんたくさん／じゃがいもがあるんだから」。

国中がバブル景気に浮かれていたあの頃、いったい誰がこんな文章を書いて牧場に捨て置いたのか見当もつかない。だが、今日では伝統音楽とダンスが盛んなことで知られるクレア州も、飢饉のときには多くの犠牲者と移民を出した。世に言うアイルランドの「じゃがいも

飢饉」（または「大飢饉」）とは、一八四五年にはじまり四九年まで続いたじゃがいもの不作を指す。膨大な数の餓死者と伝染病による死者を出し、生存者の多くは海外へ移民せざるを得なかった大惨事である。

ダブリンのシンガーソングライター、シネイド・オコナーが〈ケルティック・タイガー〉直前の一九九四年に、「飢饉」という歌を歌っていたのを覚えているひとがいるかもしれない。「学校では〈暗黒の四七年〉とか／〈怖ろしい飢饉〉についてあれこれ教えてるけど／本当はそんなものなかったんだって／ことは教えてくれない」（Sinéad O'Connor, "Famine"）という歌詞が、聞き手の胸に突き刺さる歌だった。彼女がこんな歌詞を書いたのには理由がある。じゃがいもの不作が続いた数年間、当時世界で最も裕福だったはずのイギリス政府が、自国領アイルランドに対しておこなった救済策はいずれも不十分か、遅きに失したと見なす他ないものだった。それゆえ飢饉は人災だったと考えるアイルランド人が多い。事実、歴史家の間では、それら一連の失政がジェノサイド（民族の組織的大量虐殺）を構成するのではないか、という議論さえおこなわれている。こうした議論をふまえて、アイルランドでは、この事件の名称としては「じゃがいも飢饉」や「大飢饉」よりも、「大飢餓」のほうがふさわしいとする意見が強い。

「大飢餓《ザ・グレイト・ハンガー》」の経緯を概説した本が数多くある中で、『飢饉を語り継ぐ』（Cathal Póirtéir,

Famine Echoes, Dublin: Gill & Macmillan, 1995）はひときわ異彩を放っている。この本は、一九三〇年代後半から四〇年代にかけて聞き書きされ、収集された、飢饉にまつわる語り伝えを抜粋・編集したものだ。著者は、ダブリンの総合大学ユニヴァーシティ・カレッジ・ダブリンのアイルランド民俗学科に保管されている膨大な資料の中から、生々しい証言の数々を抜き書きする。たとえば、ぼくが牧場で紙切れを拾ったクレア州での聞き取りにおいて、ひとりの古老が、飢饉が感知された瞬間をこう語っている――

運命が暗転した一八四五年の秋の収穫はいつも通りで、じゃがいもの生育と収穫の段階では何も疑わしいことはなかった。収穫したじゃがいもは普通のやり方で保管した。山積みにした中からいもをとり、ゆでたときにはじめて異変を感じた。食卓に上がったじゃがいもが汚れているように見えたので、よく洗わずにゆでるからこういうことになる、と主婦が文句を言われた。だがじきに、いもが汚れて見えたのは洗っていないせいではないとわかった。しかし、依然として何が悪いのかは誰にもわからなかった。

（Póirtéir, p. 35）

書きことばになってはいるものの、原資料は一八六〇年代（正確な年は不詳）にクレア州

左・右／西部各地には、大飢饉時代のものと覚しき廃屋がいまだに残っている。

クラットロウに生まれた農夫の兄弟、コンホヴァル・オニールとソロモン・オニールが語った談話である。ふたりは飢饉の十数年後に生まれているので、生き残った年長者から聞き覚えた話を語り伝えたのだと思われる。

一八四五年、アイルランドの人口は八〇〇万を超えていた。その人口の大半を占める小作農たちの、毎日の糧がじゃがいもだった。この年、アメリカから渡ってきたとされるジャガイモ疫病菌がまず六月にベルギーで発見され、九月にはアイルランドでも見つかった。アイルランドではもっぱら、「ランパー」と呼ばれる下等で収穫率のよい品種が栽培されていたのだが、この年は本来の六割ていどの収穫しか得られなかった。飢饉に見舞われたヨーロッパ諸国では穀物や肉などの輸出を禁じた国もあったけれど、アイルランドでは立ち退きさせられるのを怖れた小作農が、じゃがいも以外の農作物を地代として納めたので、彼らの命を養えたかもしれない農作物はみなブリテンへ輸出された。ありていに言えば、そもそも狭い耕地しかない小作人にとって、自分が収穫した穀物その他を地代として差し出した後には、じゃがいも以外の食糧が残らなかったのだ。飢饉が人災だと言われる根拠のひとつがここにある。

翌一八四六年のじゃがいもの収穫は、ふだんの年の一割にも満たなかった。そのため、四七年にまたがる冬越えの季節が各地に最悪の事態を引き起こした。不要不急の土木工事を立ち上げ、農夫たちを働かせて微々たる賃金を与え、その賃金で家族の食費を支払わせるという施策はすでにおこなわれていたが、この冬、ついにその方法ではたちゆかなくなり、炊き出しによる食事が無料支給となった。十一月、もたもたする政府の施策に先手を打つかのように、博愛主義を実践するクェーカー教徒たちが農民救済のための給食施設を各地に開設した。ダブリンのグラフトン通りにある有名なビューリーズ・カフェは、当時の給食施設の流れを汲む店である。

救済策が進まないなかでひとびとは次々に死んでいった。餓死よりむしろシラミが媒介する発疹《はっしん》チフスや回帰熱で命を落とす者が多かった。クレア州のオニール兄弟は、当時の記憶をこう語り伝えている――

クラットロウの、オニール兄弟が生まれた家と同じ敷地内に、ダナハー家も暮らしていた。夫に死に別れた妻と四人の子供たちだった。全員が熱病に罹《かか》り、母親のすぐ脇に年下の二人が臥《ふ》せっていた。コンホヴァル・オニールによれば、その母親の「熱が下がった」とき、子供のうちのひとりは死んでいた。すでに死後何日か経っていたらしい。母親はまだ立ち上がれなかったので、もうひとりのほうがまだ生きているか手探りで探したところ、案の定死んでいた。年上の二人の子供は生き延びて、オニール兄弟もよく知っているとのことである。

(Poírtéir, p. 101)

餓死や伝染病をまぬがれたひとびとも、地代が払えなければ容赦なく立ち退きさせられた。彼らが生き延びるためにはどんな方法があり得ただろうか？　もう一度、オニール兄弟の話に耳を傾けてみよう。

同じ地区（クラットロウ）と半マイルほど離れたウッド・ロード地区を合わせて三三家族が立ち退きをさせられた。しかたなく救貧院へ行った者たちと、オーストラリアやカナダへ行った者たちがいた。アメリカへ移民した者はその当時はほとんどいなかった。イギリス軍に入隊した者もいたが、これはたいへん不名誉なこととされた。親たちは口々に、息子がイギリス軍に入るのを見るくらいなら墓に入るのを見るほうがましだ、と言った。救貧院に頼るのも大いにいやがられ、最後の手段とされた。ひとびとはみな、どうせ死ぬなら自分の家で死にたいと思っていた。

(Póirtéir, p. 251)

この証言には二つほど注釈をつけることができる。まず、当時アメリカ行きの船に乗る移民が少なかったのは、カナダ行きの船賃が一番安かったせいだ。やむをえず地主が船賃を負担する場合には、最安のカナダ行きを選ぶのが常だった。船倉にひとびとがニシンの缶詰のように詰め込まれた船は、「棺桶《かんおけ》船」や「熱病船」と呼ばれた。航海の途上で待ち受ける座礁や沈没をまぬがれたとしても、不潔な船室内は伝染病と船酔いの温床だった。おまけに、首尾よくカナダに着いた後も油断はできなかった。ケベックの手前のグローセ島にあった移民検疫施設で、検査を受けている間に落命したひとびとも少なくなかったからだ。それでも、万策尽きた農夫たちは一八四七年だけで二五万人が移民船に乗り込んだ。一八四五年から一〇年間の統計によれば、合計二〇〇万人以上がアイルランドを後にした。

もう一つ注釈をつけるならば、救貧院へ行くのが「最後の手段」と見なされたのは、そこが伝染病の温床になっていたせいだけではない。「四分の一エーカー以上の土地を所有する農夫は救済を受ける資格がない」と規定する、悪名高い法令が施行されたのが大きな影響を与えていた。小作農たちは、救済を受けるためには自分たちの自由になるわずかばかりの土地を地主に返納しなければならない、という底意地の悪い規則によって、難しい選択を迫られていたのである。

ジャガイモ疫病菌による不作は一八四九年を最後に終息した。だがそれ以後も移民ラッシュはおさまらなかった。この時期から一〇〇年間以上にわたって、移民による出国者数は出生者数を下回ることがなく、人口はつねに減り続ける。二八〇万人まで減少した人口がようやく増加に転じたのは、一九六〇年代初頭であった。

アイルランド人が好きなことばのひとつに、「権力者が歴史を作り、苦しむひとびとは歌を作る」というのがある。大飢餓に関するたくさんの歌の中でも一番人口に膾炙した歌を紹介して、この話を終えたいと思う。「スキベリーン」というタイトルの歌。コーク州南端（つまり、アイルランド南端）に位置するスキベリーンの村を命からがら後にした父親が、話がわかるまでに成長した息子と問答する歌詞である。この村は飢饉のときにきわめて多くの犠牲者が出たと言われており、アビーストルワリー教会にある飢饉墓地には八〇〇〇人以上の遺体が埋葬されている。「スキベリーン」の歌詞には「スキベリーンを忘れるな」というスローガンが含まれているので、飢饉の記憶を反芻するとともに、アイルランドの民族主義を鼓舞する歌として歌われることが多い。あるいはまた酒席の余興などで、ノスタルジアを込めた哀切な歌唱を耳にする機会もある。アイルランドはいいところだという自慢話を語る父親にたいして、「なぜそんなにいい島を後にしたの？」と尋ねる息子の問いかけから問答がはじまる。父親はこんなふうに答える――

おお、息子よ、父さんだって生まれた土地を心の底から好きだったんだ
ところが飢饉がやってきて、収穫はなく、羊も牛も死んでしまった
地代と税があまりに高くて、とうとう払いきれなくなった
そういうわけで父さんはスキベリーンを後にしたんだ

おお、あれは忘れもしない十二月、凍えるくらい寒い日のこと
地主と代官がやってきて、わが家を根こそぎ立ち退かせたんだ
藁葺き屋根に火を付けた、イングランド人の底意地悪さ
もうひとつこれが理由で父さんはスキベリーンを後にしたんだ

ああ神よ、雪の地面に倒れて伏した、お前の母さんの魂を
安らかに眠らせて！　極貧の真っ只中を苦しみぬいて気を失った
母さんは二度と再び目を覚まさずに、死者が見る夢の世界へ入っていった
そういうわけで母さんの静かな墓はスキベリーンにあるんだよ

おまえはあのときまだ二歳、小さくてとても弱かった
父さんの名前をつけたおまえのことを、誰か他人に預けるなんて
とてもできやしなかったから、真夜中の闇に紛れてコートにくるみ
父さんはためいきついてスキベリーンにさよならを告げたんだ

そうか、父さん、話はわかった、いつの日かアイルランドのすべての男に
呼び出しが掛かるその時、約束するよ、ぼくは必ず先頭に立つ
緑の旗がはためく下に、男たちがみな集結し、威風堂々皆立ち上がり
「スキベリーンを忘れるな」と高らかな声が響くその時

（Pat Conway, ed., *The Very Best Irish Songs and Ballads*, vol. 4, Dublin: Walton, 1999, p. 64）

23　今はなき路地暮らし――リムリック、リムリック州

北東部アントリム州の、カトリック信徒の農家に生まれたマラキ・マコートという男がいた。父から荒っぽさを受け継いだ彼は、アイルランド独立運動が盛んになった時代、ＩＲＡ（アイルランド共和国軍）に加入して何か向こう見ずなことをしでかしたため、お尋ね者として首に賞金が掛かり、ニューヨークへ落ち延びた。

一九二九年、彼は、アイルランド南西部の地方都市リムリックのスラムに生まれ育ち、ニューヨークのブルックリンへ移民してきたばかりの女性アンジェラと出会い、翌年に息子のフランクが生まれる。いわゆるショットガン・ウェディング《できちゃった婚》だった。マラキは仕事が長続きせず、たまたま少し稼いでも酒場でみな飲んでしまうため、一家はじきに生活がたちゆかなくなり、アメリカに別れを告げ、アンジェラの実家があるリムリックのスラムへ移り住む。ところがリムリックでもマラキの行状はいっこうに改まらず、アンジェラと子供たちは極貧暮らしを余儀なくされる。幾重にも降りかかる困難にもめげず、子供たちがたくましく成長

していく家族の物語をぼくたちが知っているのは、アメリカへ渡った長男フランクが書いた回想録のおかげである。

フランクはやがてニューヨークへ戻り、大学を出て、高校の英語教師になった。時は流れ、フランク・マコート先生は三〇年間勤めあげた後、高校教師を退職し、長年温めていた構想をついに書物にした。『アンジェラの灰』(一九九六年刊)は、著者六十六歳にしてようやく出版された回想録である。この本はピューリッツァー賞(伝記または自伝部門)を受賞し、二五ヵ国語に翻訳もされて、世界で六〇〇万部以上を売り上げるベストセラーになった。さらに、アラン・パーカー監督によって映画化(一九九九年公開)もされた。「いつでも愛とユーモアと希望を忘れない少年の感動の物語」(劇場用パンフレットより)は興行成績こそ振るわなかったものの、リムリックという都市名を世界各国に知らしめるのに大いに貢献した。

マコートの文章には読者の心をわしづかみにする魅力がある。回想録が語り起こされる冒頭部分を、半ページほど読んでみよう――

父と母は、結婚して僕を生んだニューヨークにとどまればよかったのに、そうせずにアイルランドへ戻った。僕は四歳、弟のマラキは三歳で、オリバーとユージーンの双子はようやく一歳。妹のマーガレットは早くも死んで、この世にはいなかった。

子供時代を振り返ると、よくまあ生き延びたものだと思う。もちろん子供時代はみじめだった。幸せな子供時代なんて語る値打ちはない。アイルランド人の子供時代は、普通のひとのみじめな子供時代よりも悲惨である。さらに一段と悲惨なのが、カトリック信徒のアイルランド人の子供時代である。

幼い時分の辛苦を種に、得々と嘆き節を聞かせる人間はどこにでもいるけれど、アイルランド人の悲惨さは飛び抜けている。貧困。稼ぎもないのに口だけは達者な、飲んだくれの父親。暖炉のかたわらでぼやき続ける、信心深いくせに人生をあきらめた母親。ふんぞりかえった司祭。生徒をいじめる教師。イギリス人の存在と、かれらが過去八〇〇年にわたってわれわれにし続けてきた言語道断の仕打ちの数々……。

そんなことよりまず第一に、僕たちはいつもびしょ濡れだった。

大西洋上で形成された巨大なシーツみたいな雨雲の群れがゆっくりとシャノン川を遡《さかのぼ》ってくる。そうしてそのシーツがリムリック上空に永遠に居座り、キリスト割礼祭の一月一日から大晦日《おおみそか》まで、雨がこの町を濡らし続けた。おかげで短い空咳《からせき》が繰り返すコホコホ、気管支炎のガラガラ、喘息《ぜんそく》のゼイゼイ、結核患者のゲロゲロが相まって不協和音を奏でた。鼻は枯れない泉になり、肺は細菌が増殖する海綿になったのだ。

（Frank McCourt, *Angela's Ashes*, London: Flamingo, 1999, pp. 11–12）

ステレオタイプを逆用したユーモアと誇張を押し出すかたわら、冷静な息づかいで端正な文章を繰り出していく著者の姿が見えるようだ。マコートの文章をことばどおり映像化して、リムリックの町に四六時中雨を降らせた映画版『アンジェラの灰』を見た地元のひとからは、「この映画はアカデミー賞特殊降雨効果賞でも狙ってるんだろう」という憎まれ口も聞こえたようだが、マコートはもちろん客観的な事実を記述したわけではない。著者は、炉辺に集まった聞き手たちのわくわくする心を手玉に取る語り部さながら、ことばの喚起力を総動員して、読者を、少年時代の記憶という別世界へ誘い込もうとしているのだ。

マコートは話しことばをカギ括弧《かっこ》で括《くく》らず、ひとびとの語り声を少年の独白の内側に溶かし込むスタイルで語るので、小説のような臨場感がある。たとえば、貧乏暮らしの悲惨さを一瞬のうちに喜びへとすりかえる次の場面——

クリスマスの二週間前、僕とマラキが土砂降りの中を学校から帰ってきて玄関扉を押し開けると、食堂兼居間《キッチン》が空っぽだ。テーブルも椅子もトランクもなくて、暖炉の火も消えている。教皇様はまだ壁に掛かっているから、また引っ越すというわけじゃないとわかった。パパは教皇様をおきざりにして引っ越したりはしないはずだから。

食堂兼居間《キッチン》の床は水浸しで、あちこちが小さい水たまりになっていて、壁は湿気でぬらぬら光っている。二階で物音がするので階段を上っていくとパパとママがいて、なくなった家具一式もこっちにある。暖炉にあかあかと火が燃えて、ぬくぬくした空気。ママはベッドに腰を下ろして、パパは火のそばで『アイリッシュ・プレス』を読みながらタバコをふかしている。すごい洪水だったんだよ、とママが教えてくれる。路地を流れてきた雨水が玄関の下から入ってきたから、ぼろ布でふさごうとしたの。でも布は水を吸うばっかりで、雨水がどんどん入ってきたんだ。おまけにいつも通りご近所のひとたちが隣の共同便所にバケツを空けに来るから、思わずウッてなる臭《にお》いが食堂兼居間《キッチン》まで漂ってきた。それで、雨が降ってるうちは二階で暮らしたほうがいいって考えたんだ。冬の間は暖かいこっちで過ごそうね。春になって、壁とか床とかに乾いてくるきざしが見えてきたら階下へ下りればいいよ。休暇でさ、どこかイタリアみたいな暖かいところへ来てるみたいだろ、とパパが言う。これからは二階をイタリアって呼ぶぞ。マラキが、教皇様はまだ壁に掛かってるけど下は寒いから階上へ来てもらったほうがよくないかな、と言う。ママは、だめ、と言う。教皇様はあそこにいてもらえばいいの。だってベッドの上の壁から見下ろされるのはきまりがわるいし、第一、ブルックリンからベルファスト、ダブリンと巡幸してはるばるリムリックまでおいでいただいたんだから、教皇様はきっとお疲れだよ。あたしのほうも少しはのんびり休みたいのよ。

(McCourt, p. 96)

この一節を読むたびにぼくは、落語家古今亭志《ここんていし》ん生《しょう》の回想録『びんぼう自慢』を思い出す。マコート家と同じく赤貧洗うがごとしだった彼は、家賃がタダという触れ込みにひかれて、低地を埋め立ててこしらえた長屋へ大喜びで入居した。ところがふと気づくと、家中の壁になめくじが這《は》ったあとが銀色に輝いていた。志ん生は語る――「今ならなんですよ、そっくりあの壁ェ切りとって、額《がく》ぶちへ入れて、美術の展覧会《てんらんかい》にでも出せば、それこそ一等当選まちがいなしてえことになるだろうと思うくらい、きれいでしたよ」(古今亭志ん生『びんぼう自慢』ちくま文庫、一七六ページ)。「貧乏はするもんじゃありません。味わうものですな」という志ん生の名言はマコート家の姿勢に通じるところがある。両者を支えているのは、容赦ない貧困にはことばで反撃などできないと知り尽くした人間が、にもかかわらず貧困の攻撃を最小限の労力で受け流そうとする身振りである。

マコート家が暮らしたスラム街はリムリックの中心街南部、ニュータウン・ペリーと呼ばれる地区にあった。中心街北部の、イングランド王ジョンの命令で建てられた城や古いカテドラルがある地区はイングリッシュタウンと呼ばれている。この地域はかつて、支配者層であるイングランド人の居住区だった。川を隔ててすぐ南のアイリッシュタウン地区は大昔のアイルランド人居住区。これら二地域は中世からある中心街で、一番南に位置するニュータウン・ペリーは近代になってから開発された地域だ。ニュータウン・ペリー地区のランドマークであるリムリック駅とピープルズパーク公園の南、観光客はまず足を踏み入れない界隈に、かつては路地《レーン》がたくさんあった。大きな通りから枝分かれした路地にはレンガ造り二階建ての小家がぎっしり建ち並んでいたが、家々の一階の床が道路よりも低かったため、雨が降ると室内が水浸しになりやすかったのである。一九四〇年代以降順次区画整理がおこなわれた結果、この界隈に昔の面影はない。マコート家が暮らしたローデン・レーンも、現在はローデン・ストリートと改名されて、静かな住宅地になっている。

路地には人情に厚いひとびともいるものの、なにしろ共同体が小さいから窮屈なところもある。過去の歴史の古傷がいつまでもじくじくしていて、ご近所の人間関係に影を落としているからだ。そういう部分を描き出すマコートの文章には不気味な輝きがある――

リムリックの路地に住む家族どうしで、お互いに口をきかないひとたちがいる。やりかたはそれぞれ独特で、コツを身につけるには何年もかかりそうだ。たとえば、一九二二年の内戦のとき敵味方に分かれて戦った父親を持つ家族のひとは、お互いに口をきかない。イギリス軍に入隊した身内がいる家族は路地から引っ越したほうがいい。市内にはそういう家族ばかりが住む場所があるから。もし身内の中にほんのちょっぴりでもイングランド人に好意的なひとがいたのなら、心配無用なダブリンへ引っ越したほうがいい。たとえそのひとが八〇〇年前の人物でも、君がリムリックにいるかぎり、いつかは目の前でその事実があばかれるからだ。じゃがいも大飢饉のとき、先祖がプロテスタントの手からスープをもらって、その一椀《ひとわん》と引き替えにカトリック信仰を捨てて改宗したのを、いまだに悔いているひとたちもいる。そういう家族はスープ乞食と呼ばれていて、かれら専用の地獄へ堕《お》ちる運命を背負い込んでいるのだそうだ。密告者っていうのはもっと悪い。学校の先生が言うには、イングランド人をやっつけようとしてアイルランド人が堂々戦いを挑むときにかぎって、汚らわしい密告者が出て仲間を裏切る。密告者とわかれば縛《しば》り首《くび》が当たり前。いやいやそれでは甘すぎる。誰も口をきいてくれなくて当然だ。だって、みんなから無視されるくらいなら、ロープで吊るされたほうがましだから。

(McCourt, pp. 132–133)

アイルランドの歴史がひとびとの心に作用するしかたと、おしゃべりを大切にするアイルランド人の心性を要約した文化論として、これ以上望めないくらい巧みに書かれたパラグラフだと思う。『アイルランド紀行』におつきあいくださっている読者なら、アイルランド内戦や大飢饉の余波をめぐるマコートの所見に深くうなずいてもらえるだろう。

マコート少年は十四歳からさまざまな労働をして一家を支えた。そして、十九歳のとき、念願のニューヨーク行きを実現させる。渡航費はこつこつ貯めた貯金にくわえて、奇妙なめぐりあわせ（未読の方のために内容は伏せておこう）で懐に転がり込んだ現金を宛てた。『アンジェラの灰』はマコート青年を乗せた船がアメリカに到着するところで終わるが、その先の著者の人生は続編二冊でたどることができる。大都会で暮らし、教員になり、母アンジェラをニューヨークに呼び寄せ、ついにその遺灰を故郷に持ち帰って撒《ま》くまでを語る『アンジェラの祈り』（一九九九年刊）と、教員時代三〇年間の回顧録『教員人生』（二〇〇五年刊）をまとめた後、マコートは二〇〇九年、七十八歳で死去した。前半生で経験した苦労を胸に秘めたまま、自分が行くべき道をぶれずに貫いた結果、後半で大きな花を咲かせた人生と言うべきだろう。

24 牛捕り遠征の古道をたどる――ロスコモン州ラスクロハンからラウズ州クーリー半島へ

『クアルンゲの牛捕り《トーイン・ヴォー・グアルンゲ》』は初期アイルランド文学を代表する英雄物語である。大昔アイルランド北部に暮らしたウラド族の偉業を讃えるアルスター物語群の中の白眉《はくび》で、たっぷり書物一冊分ほどの長さがある。女王メーヴ率いる大軍勢を向こうに回して若き英雄クー・フリンが大活躍する物語だ。

「アイルランドの『イリアッド』」、「(ラテン語でない) 地方語で書かれた西ヨーロッパ最古の叙事詩」などの呼び声も高いこの物語は、現世と異界が隣り合わせの世界観を反映した戦記物で、VFX映画さながらの荒唐無稽《こうとうむけい》な描写がひんぱんに飛び出す。大筋は散文で語られ、高揚した場面にさしかかると登場人物たちのセリフが韻文へと変容するこの物語は、内容・文体ともにアイルランド語の豊かさを体現している。現存する写本は十二世紀頃のものだが、物語の細部には一世紀頃まで遡行可能なケルト文化が窺《うかが》えるため、『クアルンゲの牛捕り』は鉄器時代を覗き込む窓である、とも評されてきた。

この物語は現在では、原題の一部分を用いた『トーイン』の名で親しまれている。トマス・キンセラとキアラン・カーソン（どちらも優れた詩人である）による二種類の英訳があるおかげで、一般読者も近づきやすくなった。『トーイン　クアルンゲの牛捕り』をひとことでまとめるならば、西部コナハト国の女王メーヴが、北部アルスター国にいると聞いた名高い雄牛をぶんどろうと企て、大軍を率いて遠征する物語である。西部内陸のクルアハンを出発してほぼ真東へ向けて進軍し、最後に北上して東岸のクアルンゲにいたるメーヴの進軍経路は、地図や注釈を突き合わせれば推定・復元できる。遠征ルートを地図上にたどりながら、牛捕り物語のあらすじを紹介してみよう。

まず、メーヴの王宮（といっても実際は砦《とりで》のようにしつらえた住居だったと思われる）があったクルアハンは、現在のロスコモン州ラスクロハンだと言われている。「クルアハンの円《えん》砦《さい》」を意味する現在のラスクロハンは町でも村でもなく、広大な牧草地に土塚や土塁をめぐらした円砦が点在する考古学遺跡である。

物語は、クルアハンの砦で女王メーヴと王アリルが寝物語をしているシーンからはじまる。とはいえ艶っぽい話ではない。ふたりは寝床で枕を並べて、各々の財産を列挙して競い合っているのだ。勝負は互角かと思いきや、アリルには白い角を持つフィンヴェナハという見事な雄牛がいるのに、メーヴはそれに匹敵する雄牛を所有していないことが判明する。地団駄を踏んだメーヴは、どこかにフィンヴェナハをしのぐ牛がいないか探させる。そして、アルスターのクアルンゲの地で飼われている褐色の雄牛ドン・クアルンゲが無双であるとの噂を聞くと、その名牛が欲しくてたまらなくなる。メーヴはドン・クアルンゲの飼い主に使者を送り、名牛をしばらく貸してくれるよう頼むことにする。彼女は相手に潤沢な褒賞《ほうしょう》を約束しつつ、いざとなれば力ずくで雄牛を奪う腹づもりだった。交渉が今一歩という局面で頓挫《とんざ》したと見るや、彼女は迷わず大号令を発する。アイルランド全土から軍勢を召集し、一大連合軍を率いてアルスターへ侵攻し、褐色の雄牛をぶんどってやろうという作戦である。

一方、アルスターでは、迎え撃つべき戦士たちがみな呪いをかけられて床に臥している。ただ、弱冠十七歳のクー・フリンだけは呪いをまぬがれているので、彼が独力で大軍の侵略を食い止めようとする。クー・フリンがメーヴ率いるアイルランド連合軍の進軍を察知するのは、クルアハンから一〇〇キロ以上東進したクーイル・シブリレにおいてである。メーヴの軍勢は着々と進軍してきていたのだ。この場所はアイルランド語地名ではケナナス、英語の地名ではケルズの町に相当する。ケルズといえばその昔、聖コルム・キレが修道院を建てた場所である。八〇〇年頃、名高いケルト装飾写本『ケルズの書』がこの地の修道院で完成されたと伝えられる。だがこれから述べるエピソードはそれよりさらに数百年前、キリスト教伝来以前の話である。

二頭立ての戦車で偵察に来たクー・フリンと御者のライグが、クーイル・シブリレで敵軍のわだちを見つける。敵軍の数を見積もろうとした御者が難渋しているのをみて、クー・フリンが身を乗り出す。少年の超人的能力が光る場面だ――

「あなたの目でも、数を見積もるのは難しそうですね」ライグが言った。
「うん。でも、少しはましだよ」とクー・フリンが返した。「ぼくは三つの才に恵まれているんでね。視覚の才、知力の才、計算の才。ふむふむ、数がわかったぞ。敵軍は全部で一八軍団。一軍団は三〇〇〇人規模だけど、第一八軍団にあたるガレーイン族だけが全軍に分散配置されているんだ。わだちが入り交じって見えて、数が計算しにくいのはそのせいだよ」

（Ciaran Carson, *The Táin: A New Translation of the Táin Bó Cúailnge*, London: Penguin Classics, 2007, pp. 28-29）

ケルズからさらに三〇キロほど東進したところにマトックという場所がある。よほど詳しい地図にしか載らない小さな地名だ。U2をはじめとするロックアーティストたちがほぼ毎年、夏に大規模な野外コンサートをおこなってきたことで有名なスレーン城と、織物や醸造業で栄えたドロヘダの町の中間あたりで、幹線道路がボイン川と交差する地点に近いところ。迫ってくる敵軍を先回りしたクー・フリンはこの地点まで来たところで敵軍の偵察隊と鉢合わせした。マトックは大昔、アース・グレナと呼ばれていた――

クー・フリンはアイルランド連合軍の進路を迂回《うかい》して、アース・グレナ――日向《ひなた》の浅瀬――に到着した。そして、四つ叉《また》に枝分かれした幹を一撃で立木から切り落とし、樹皮にオガム文字で警告の文章を刻みつけ、川の真ん中に突き刺して、その浅瀬を戦車で渡れないようにした。ところが、立木を川の真ん中に突き刺し終えたちょうどそのとき、エイルとイネル、そして彼らの御者フォイフとフォフラウからなる四人組先遣隊が、二輛《りょう》の戦車で日向の浅瀬に走り込んできた。クー・フリンは四人の首を切り落とし、四つ叉の枝先にひとつずつ突き刺した。

（中略）

四つ叉の樹皮に刻まれたオガム文字の警告を誰かが読み上げた――

「この四つ叉をこの場所へ突き刺したのは、一人の人間が片手でやってのけたこと。おまえ達の中に、これと同じことを片手でできる者がいない限りは、これ以上先へは来るな」

「あの四人をあれほどの早業で殺したとは驚きだ」とアリルがつぶやいた。

「驚くべきはそれだけではありません」フェルグスが言った。「四つ叉のあの幹は立木から一撃で切り落とされています。じきお目にかけますが、あの四つ叉は、立木の根元でずかりと切られているため、穴を掘ってもいないのに、川の真ん中に突き刺さっているのです。しかもあの四つ叉は、戦車の後部から投げたものが刺さって止まったのですぞ」

（中略）

「フェルグス、この浅瀬は何というのかね？」とアリルが尋ねた。

「この場所の名はアース・グレナ――日向の浅瀬――です」とフェルグスが答えた。

「けれども今日から後は、アース・ガヴラ――四つ叉の浅瀬――と呼ばれることになるでしょう」


（Carson, *Táin*, pp. 29-31）

『トーイン』には、このように地名の由来を語る挿話がたくさん盛り込まれている。地名伝承《ディンシャナハス》を後代へと受け継ぐことは、物語の重要な機能のひとつなのだ。

メーヴが率いる連合軍はやがて、山中に隠されていた褐色の雄牛ドン・クアルンゲを見つけて捕らえる。その場面はこんなふうに語られている――「メーヴは軍勢の三分の一を率い、褐色の雄牛を求めてキヴの地へ踏み込んだ。軍勢はクー・フリンはその後をつけていった。はるか北ミズルアヒル街道沿いに進み、アルスターの民とクリシンの民の土地を蹂躙《じゅうりん》して、にとまのドゥーン・ソヴェルへ——桜草砦——まで到達した。ある一行がクー・フリンの目った。ブデ・マク・バインが褐色の雄牛と一五頭の若い雌牛を連れて、シュリーヴ・クリンから帰ってくるところだった」（Carson, *Táin*, p. 85）。

ミズルアヒル街道とは、アイルランド東岸の二都市ダンドークとニューリーを結ぶ幹線道路に相当する古代の道で、ドン・クアルンゲの名の由来になったクアルンゲ（現在のクーリー半島）の根元を南北に横切っている。雄牛が見つかったシュリーヴ・クリンはシュリーグ・グリンとも呼ばれる山地で街道の西に位置する。捜索隊長のブデ・マク・バインはこの直後クー・フリンに殺され、現場の浅瀬にはアース・ムデ（ブデの浅瀬）という地名がつく。

連合軍は、獅子奮迅の勢いで挑んでくるクー・フリンに脅かされる。若き英雄と連合軍の間には毎朝一対一の対戦をおこなうという申し合わせが成立し、連合軍は毎朝戦士を送り出すものの、精鋭の戦士たちは次々に倒されていく。ずるがしこいメーヴは業を煮やし、決めたはずのルールを平然と破って、クー・フリンをだまし討ちにしようと試みる。しまいには、メーヴとアリルの娘フィナヴィルをクー・フリンに差しだそうとまで持ちかけるが、いざ蓋《ふた》を開けてみるとこの提案も汚い罠だった。

メーヴはついに究極の悪だくみを考え出す。クー・フリンが愛してやまない義兄弟で、彼と互角の力を持つフェル・ディアズを巧みに言いくるめ、フェル・ディアズの戦士魂を手玉にとって、禁忌である義兄弟同士の対戦をクー・フリンに挑ませるのだ。褒賞にはまたもや王女フィナヴィルが利用される。後世「フェル・ディアズの浅瀬」と呼ばれることになる浅瀬で、二人は決闘する。二人の戦力は互角なのでなかなか勝負がつかないが、クー・フリンだけが持つ必殺の投げ槍〈ガイ・ボルガ〉にとどめを刺されて、フェル・ディアズはついに倒れる。四日間にわたる死闘を描いた長い章は、物語全体の中でもとびきりの聞かせどころである。大昔のひとびとは語り部の口演に耳を傾けたに違いない。勝負が決着するくだりを、声高らかに紹介してみたい——

両戦士が剣を交えている最中、クー・フリンがふと隙を見せた瞬間に、フェル・ディアズは象牙の柄がついた剣を、相手の胸深くまで突き刺した。クー・フリンの胸から噴き出した血は帯を濡らして流れ落ち、浅瀬の水を真っ赤に染めた。容赦なく斬《き》りつけ突いてくる、フェル・ディアズの猛攻撃に耐えきれなくなったクー・フリンは、大声でライグを呼び、ガイ・ボルガをよこすよう命じた。〈ガイ・ボルガ《必中必殺投げ槍》〉がどのような武器であったかを説明しよう。まず御者が川の上流からクー・フリンめがけて、ガイ・ボルガを流し下ろす。クー・フリンは足指の間に挟んでガイ・ボルガを放つ。ガイ・ボルガが命中すると、相手の体へひとつの傷口から突入するが、体内に入った槍は三〇本の逆《さか》とげをいっせいに開く。それゆえ、体に刺さったガイ・ボルガを引き抜こうとすれば、槍の周囲の肉も一緒に取り除く他ないのである。

ガイ・ボルガの名が大声で叫ばれるのを耳にしたフェル・ディアズは、下半身を防御するため盾を低く構えた。クー・フリンは椀のようにくぼめた片手から一筋の投げ槍を放った。投げ槍はフェル・ディアズが構える盾で守られた、一面胼胝《たこ》で覆われた皮膚をかすめたかと思う間もなく、胸の奥に隠された心臓を貫き、槍の全長の半分ほどが背中から突き出した。フェル・ディアズは盾を引きずり上げて、上半身を守ろうとしたが、ときすでに遅かった。

「ガイ・ボルガがそちらへ」というひと声とともに、御者のライグが流れに乗せて必中必殺の投げ槍をよこした。

クー・フリンはガイ・ボルガを足指の間に挟んで狙いをさだめ、フェル・ディアズめがけて放った。するとガイ・ボルガは、二重に精錬した鉄製で二倍の厚さにこしらえた前垂れを貫通し、その下にあてがわれていた臼石ほどの大きさの岩の薄板を三つに割り、フェル・ディアズの尻の穴から体内に突入して、その逆とげで体中の肉を隅々まで切り裂いた。

（Carson, p. *Táin*, 151）

この対決がおこなわれた場所は、以後、「フェル・ディアズの浅瀬」と呼ばれることになるが、この地はディー川のほとり、ラウズ州アーディーの町に相当する。アーディーという町名は「ディー川の浅瀬」と解釈できるが、この町のアイルランド語名は現代でもずばり、「フェル・ディアズの浅瀬の町《バリャー・イーリア》」である。

アルスターの男たちはやがて呪いから立ち直り、戦いの準備を整える。メーヴ率いるアイルランド連合軍とアルスター軍は総力戦に突入し、アルスター軍が勝利をおさめる。連合軍は敗走し、メーヴたちはクルアハンへ帰っていく。

物語の掉尾《ちょうび》を飾るのは、アリル王自慢の雄牛フィンヴェナハと、褐色の雄牛ドン・クアルンゲによる宿命の対決である。雄牛対決はドン・クアルンゲの勝利に終わる。倒したフィンヴェナハの肉片や内臓をぼたぼた落としながらドン・クアルンゲが歩いた道筋には、「白い肩《フィレンセ》」、「腰肉の浅瀬《アース・ルイン》」、「雄牛の額《エーデン・タルヴ》」などの地名が次々に生まれ、力尽きて雄牛が倒れた場所は「雄牛ヶ尾根《ドリム・タルヴ》」と呼ばれるようになったというが、これらの場所が現代のどこにあたるかはよくわかっていない。

25 田舎町の病弊と癒し――クローニス、モナハン州

一九九二年のブッカー賞最終候補となり、エア・リンガス文学賞を受賞したパトリック・マッケイブの小説『ブッチャー・ボーイ』は、ひとことで言えば、田舎町に暮らす十三歳の少年が友達の母親を惨殺する物語である。この作品はセンセーショナルな内容ゆえに、「ゴシック」あるいは「ホラー」に分類されることがある。この本が出て二年後、アイルランド西部を旅していたとき、田舎町のパブで出会った地元の本好きと激論になったのをなつかしく思い出す。ぼくは読んだばかりの『ブッチャー・ボーイ』を、スティーヴン・キングのホラー小説と並べて論じようとしたのだが、相手は場違いなほどの剣幕で反駁《はんばく》した。彼女の主張は、『ブッチャー・ボーイ』は決して読者の恐怖心をあおるために書かれたエンターテインメントではなく、遅まきの近代化がはじまりかけた一九六〇年代初頭における、アイルランド人の精神状態をリアルに描いたケーススタディなのだ、というものだった。旅から帰って小説を読み返したぼくは、自分の不明を恥じた。

パトリック・マッケイブは一九五五年、アイルランド共和国北東部モナハン州の小さな町クローニスに生まれ、特別支援学校を含む初等・中等学校で教えた後、『ブッチャー・ボーイ』の成功を機に専業作家になった。クローニスは北アイルランドとの国境に近い町である。アイルランド自由国と北アイルランドが分離した一九二二年には、IRA（アイルランド共和国軍）と北アイルランドの治安維持部隊がにらみ合う最前線になった。だがそれ以後は、南北分離によって不活発になった交通ルートのせいで、クローニスは昏々と眠り続けるような町になってしまった。『ブッチャー・ボーイ』の舞台となる田舎町には、クローニスのこうしたたたずまいが色濃く投影されている。

『ブッチャー・ボーイ』は全編、孤独な少年フランシー・ブレイディーの一人語りによって物語が進行する。時代は一九六二年。世界の終わりが近づいたと言って町のひとびとが大騒ぎする場面が出てくるのは、冷戦下で米ソの緊張が核戦争寸前まで達した、いわゆるキューバ危機を背景にしたパニック状態を反映している。「アイルランド人の精神状態をリアルに描いたケーススタディ」とはどんなものか、小説のあらすじをたどってみたい。

フランシーの父はかつて町のブラスバンドでトランペットを吹いていたが、今はもっぱら飲んだくれている。家庭内暴力にいためつけられた母には自殺衝動があり、「修理」のために「修理工場」（精神病院）へしばらく入院しなければならなくなる。フランシーには親友のジョーがいて、いつもふたりで遊んでいたが、イギリス帰りのニュージェント家がこの町へ引っ越してきたことによって、フランシーが暮らす小さな世界の秩序に乱れが生じる。転校生フィリップはコミックから抜け出してきたような、身なりのよい科学好きの少年である。フランシーはフィリップにあこがれと憎悪を抱き、相反するその気持ちが小さな暴力となって、フィリップとその母ミセス・ニュージェントにふりかかる。ミセス・ニュージェントから「あんたたち（ブレイディー家の人間）は豚同然よ」と言われたことで、憎悪は決定的になる。

クリスマスに起きた家族のいざこざに心を痛めたフランシーは着の身着のままで家出し、徒歩でダブリンへ向かう。冒険のすえ、母のためにささやかな土産を買って町まで戻ってくると、留守中に母が湖に身を投げて自殺したことを知らされ、お前のせいだと父に責められる。自分の不幸とフィリップの幸福をつい見比べてしまうフランシーは、親友ジョーにたしなめられても、フィリップとその母への攻撃願望を抑えることができない。

フランシーはニュージェント家で狼藉《ろうぜき》をはたらいて更生施設送りになり、町へ戻ってくると父親にも死なれ、ついに精神病院へ収容される。妄想に次ぐ妄想に悩まされるものの、彼はやがて退院し、ジョーが入学したという北部の寄宿学校へ会いに出かける。学校のある海辺の町は、「かつてまだ世界が美しかった頃」フランシーの両親が新婚旅行で訪れた土地で、その町のことは以前から聞いていた。美しい思い出を追体験しようと思って新婚旅行の宿を訪ねあて、女主人から話を聞いてみると、父の暴力と飲酒が新婚旅行のときからはじまっていた事実を知らされて幻滅する。寄宿学校では、ジョーから「もう友達じゃない」と宣告される。傷心のフランシーが町へ帰ってくると、世界の終わりが近づいたという噂が広まっている。広場には仮設祭壇が築かれ、ひとびとは聖母が顕現する奇跡の瞬間を待ち望んでいる。フランシーは肉屋の下働きをして小遣いを稼いでいる。一晩寝て翌日、肉屋で飼育している豚に与える残飯を集めに町へ出たついでに、荷車をひいたままニュージェント家に立ち寄る。

ここからは原文を日本語に吹き替えてみよう。フランシーがテレビやラジオで聞き覚えた口まねをしながら、なにくわぬ顔で殺人をおこなう場面である。

残飯用バケツをぶらさげて裏口のほうへまわった。隣の家のカーテンがちらちら動いてるのが目に入った。やあお隣さんこんにちは、口笛混じりでごあいさつしてんのはおなじみのフランシー君ですよ、ミセス・ニュージェントさまにお届け物でーす。お隣さんの人影が窓辺から消えたんで、俺はニュージェント家のドアを叩いた。出てきたミセス・ニュージェントは青い部屋着を着てた。こんちはミセス・ニュージェント、ミスター・ニュージェントはご在宅ですか、ミスター・レッディからのメッセージをお伝えにまいりました。ミセス・ニュージェントの顔がさあっと真っ白になって、夫はいません、仕事ですって答えたんで、そうですかそれならそれでって言いながらどすんと一押ししたらおばさんは家の中へよろけこんで、何かに背中がぶつかった。俺は後ろ手にドアを閉めて鍵を掛けた。真っ白いお面みたいな顔で、小文字のオーみたいに口を開けてた。おやミセス・ニュージェント、だんまりの実験ですか、お腹に風穴が空いてるみたいな気がするでしょ。大きい声をあげたいんだけど、声が出ない、けどどうして出ないのかわかんないってわけですね。ミセス・ニュージェントはよろけながら電話かドアのほうへ行こうとした。スコーンの匂いがして、フィリップの写真が目に入ったとたんなぜかぶるぶる震えがきたんで、俺はおばさんに蹴りを入れた。何回入れたか覚えていない。おばさんはうめき声をあげて後生だからって言ったけど、うめこうがお願いされようが俺は聞く耳持たなかった。おばさんの首根っこをつかまえてこう言ってやった。ミセス・ニュージェント、あなたはふたつ悪いことをしました。俺が母ちゃんに背を向けたのも、ジョーが俺から去っていったのも、あなたのせいです。どうしてあんなひどいこと、ふたつもしたんですか、ミセス・ニュージェント？　おばさんは答えなかったけど、俺はべつに答えを聞きたかったわけじゃない。相手の身体を二、三回壁に叩きつけたら口の端から血が滲み出して、こっちをつかもうとするみたいに手を伸ばしてきたんで、家畜銃を構えた。片手で身体をつかんで床から引きずり上げて、頭めがけて銃を撃ち込んだら、ズドッっていう音がした。金魚を金魚鉢へ落としたときとおんなじ音だった。豚を処理するときはどうやるのかって尋ねられたら、喉をこうやって一文字に、縦じゃなくて横にね、ずかーってやるのさって答えるだろうね。おばさんがあごを突き出して目の前に横になってたから、まず開きにして、腸《わた》に手を突っ込んで、それから二階の壁のいたるところにブタブタブタブタって書いたわけだよ。

（Patrick McCabe, *The Butcher Boy*, London: Picador, 1992, pp. 194-195）

フランシーは、「おばさん」の遺体を積んだ上に残飯をしきつめた荷車を引いて、肉屋へ戻る。殺害は露見し、フランシーは追っ手から逃げ回り、自宅に火を放ったところでついに捕まって病院に収容される。死刑になるかとおもったが、この国に死刑はないということで、生涯を精神病院で過ごすことになる……。『ブッチャー・ボーイ』を要約すればこういう物語である。家庭内暴力、アルコール依存、自殺、劣等感、聖職者の小児性愛、妄想。美しく思い描いていた両親の蜜月《みつげつ》時代の夢まで砕かれたフランシーは、身も蓋もない無惨を抱えたまま、殺人へ突っ走っていった。しかも笑顔で。アイルランドのことがよくわかっていなかったときにはシュールなホラーとしか読めなかったこの物語には、リアルな社会分析が濃厚に含まれている。ていねいに通読すれば、フランシー少年が惨殺を犯すにいたる経緯と理由が、説明可能な進みゆきとして語られている。フランシー少年は決して、暴力に憑《つ》かれた正体不明の怪物ではない。過度の孤独と周囲の無関心に魂が侵されれば、誰しも演じるはめに追い込まれる可能性がある、悲劇の主人公なのだ。

この小説は、ひとつの時代のひとりの少年の内面を描くことに徹しつつ、遅れてはじまり急速に進んだアイルランドの近代化がもたらしたさまざまなひずみを、ひとつひとつていねいに拾い上げてみせた。小説家はそうやって、ひとびとが抱える病弊を明るみに出し、癒しへとつなぐ地固めをしたのだ。ぼくがパブで出会ったアイルランド人の読書家は、小説家のそうしたもくろみを正しく了解していたからこそ、むきになってまで、「アイルランド人の精神状態をリアルに描いたケーススタディ」だと教えてくれたのに違いない。

『ブッチャー・ボーイ』はニール・ジョーダン監督により映画化され、一九九八年に公開された。日本では同種の殺人事件が起きたために劇場公開が見送られたと仄聞《そくぶん》するが、VHS版は日本でも発売された。日本ではついに話題にならなかったものの、英語圏では原作同様映画の評価も高く、インターネット上で数多くのレビューを見ることができる。

26　沃土と清水の小宇宙——モスボーン、アナホリッシュほか、デリー州

アイルランドの農夫は「ペンは剣よりも強し」とは言わずに、「ペンは鋤《すき》よりも軽い」と言う。その心を問えば、「学問などは楽な仕事で、ペンは鋤より扱いやすい」という自負心の表明である。他方そこに潜む不知《ふち》案内《あんない》は、「学があれば肉体労働をしなくて済む」という含みをも皮肉に露呈する。シェイマス・ヒーニーは一九三九年、北アイルランド、デリー州南部の比較的裕福な農家に生まれた。両親はカトリック信徒である。九人兄弟の長男だったので当然家業を継ぐべき条件が揃っていたが、大学を出て詩人になった。「鋤」を捨てて「ペン」を選んだのだ。一九六六年、彼が最初に出した詩集『ある自然児の死』の冒頭には、「掘る」と題された作品が載っている。そこでは、じゃがいもや燃料に使う泥炭を掘る父祖の背中を見つめてきた青年が、次のように詩人宣言をしてみせる——

僕の人差し指と親指の間にずんぐりした

ペンがなじんでいる。銃みたいに。

窓の下で、砂利がちな地面を
鋤き返す音がする。がさり、がさり。
掘っているのは父だ。見下ろすと

花壇の真ん中で、ぐいっと力が入った
父の尻が地面に近づいたと思うまもなく
伸び上がったのは二〇年前の父の尻で、ジャガイモ畑を
リズミカルに掘り進んでいるところ。

（中略）
トーナーの泥炭地《ボグ》で泥炭の切り出しをする日には
うちの祖父が誰よりも多く切り出した。
あるとき、搾った牛乳を瓶に詰めて
紙で適当に蓋をしたのを持って行った。
背筋を伸ばしてぐっと飲み干したと見る間に

祖父はかがみ込み、縦横きっちり刻みを入れて
切り出した塊を肩越しに投げ上げた。地中に眠る
よい泥炭を求めて、深く、深く、掘っていった。

ジャガイモのカビが冷たく匂い、びしょびしょの
泥炭がガボッとビシャッて、鋤の刃先が
生きた根をざりざり切って進む――僕の脳裏で。
だが僕には、父や祖父の跡を継ぐべき鋤がない。

僕の人差し指と親指の間にずんぐりした
ペンがなじんでいる。
僕はこいつで掘っていこう。

(Seamus Heaney, *Death of a Naturalist*, London: Faber, 1966, pp. 1-2)

「鋤よりも軽いペン」を自分の道具にして、人間の精神や歴史を「掘っていこう」と決意するこの詩は、ヒーニーの看板代わりの作品としてよく知られている。

農家の長男が「ペン」の道を選択できたのは時代の恩恵である。ヒーニーが生まれ育った北アイルランドでは、ブリテンと同様に一九四〇年代半ば以降、「イレブンプラス」と呼ばれる中等学校進学適性検査が施行されていた。十一歳の子供たちに学力試験を受けさせ、その結果に応じて三種類の中等学校へ進学を振り分ける制度である。三種類とは、大学進学のためのグラマースクール、普通教育のモダンスクール、実業教育のテクニカルスクールの三種。ヒーニー少年は小学校の先生のすすめでこの試験を受け、よい点数をとったので、実家から四〇キロ離れたデリー市にあるグラマースクールへ入ることになった。十三歳で聖コロンバ寄宿学校に入学した彼は六年後に卒業、新制度による奨学金を受けてベルファストのクイーンズ大学へ進学した。一世代前なら、農家の子弟には考えられない進路である。

ヒーニー家の農場は弟が継ぎ、兄は詩人になって少年時代の思い出を数々の詩に書いた。そのおかげで何の変哲もない農村にはじめて文学の光が当てられ、田舎暮らしが輝きはじめた。インタビューの中で詩人が子供時代の生活圏について説明しているところを読むと、あたかも小宇宙の構造解説を聞いているみたいな気分になるのは、まんざら錯覚でないかもしれない。ヒーニー少年の小宇宙は以下のような形をしていた――

時計の文字盤を思い浮かべてください。九時と三時を結ぶところに短い水平線を引いて、その線上にモスボーンの家があるとしましょう。玄関を開けて十二時の方角を見ると、幹線道路が左右にまっすぐ伸びています。背中にあたる六時の方角には、牧草地ひとつへだてたところに鉄道の線路が走っていて、家の前の道路と平行に伸びています。幹線道路を左へ、つまり九時に向かって行くとヒルヘッド。三時のほうへ行けばトゥームブリッジ。ラガンズ・ロードという名前の枝道に沿って、一時と二時の中間あたりの方角へ歩いたところにアナホリッシュ小学校があります。さてここまでは十二時のほうを向いていましたが、正反対を見てください。背中を向けていた方角へ進むとモヨラ川があります。線路を渡り、六時をめざして半マイルばかり歩くと、下《ロウアー》ブロッホ・ロードの終点に着きます。そこがモヨラ川です。

(Dennis O'Driscoll, *Stepping Stones: Interviews with Seamus Heaney*, London: Faber, 2008, pp. 18–19)

牧草地と線路と川と小学校をちりばめた小天地は、少年ひとりの領分として過不足なさそうだ。「掘る」に描かれた畑や泥炭地のある土地は、周囲数マイルにも満たない範囲内におさまってしまう。本人の説明によれば「トーナーの泥炭」は小宇宙の北（十二時の方角）のはずれにあり、十四歳のときに「モスボーンの家」から引っ越した「ザ・ウッドの家」の近くに位置するという。だがその「ザ・ウッドの家」さえ、旧居からわずか四、五マイル北へ離れているに過ぎず、「カラスならひとっ飛びにも満たない」距離であった。
さて、やがて詩人になる少年はこの小宇宙で何をしていたか？『ある自然児の死』には、季節ごとの農作業を手伝ったり、ブラックベリーを摘んで腐らせてしまったり、占い棒で水脈を探知するひとの作業に目を見張ったり、オタマジャクシがカエルに成長して太い声で鳴きはじめるのを聞いて恐怖を覚えたりする少年の観察記録が、さまざまな詩に形を変えて集められている。詩集の末尾には、冒頭の「掘る」と好対照をなす「僕の詩泉《ヘリコーン》」という詩が据えられている。走り読みしてみよう――

僕は、大人が目を離すとすぐに、古いポンプとバケツやら
つるべやらがついた井戸に寄っていく子供だった。
暗い穴、穴の奥に捕まった空
水草、カビ、湿ったコケの匂い――僕はぜんぶに夢中だった。

レンガ屋にあったやつは木の井戸蓋が腐っていた。
縄の先にぶらさがったバケツが水面に
ぶちあたる音の、深いコクが持ち味。

深すぎて顔なんか映らなかった。
（中略）
エコーが住んでいる井戸もあって、僕の叫び声は
みずみずしい、澄んだ音楽を連れて戻ってきた。
（中略）
今となっては、根をほじったり、ねば土をいじったり
目を皿にしたナルキッソスみたいに井戸を覗き込むのは
大人げなさ過ぎるから、僕は代わりに韻を踏む。
自分の姿を見るために、暗闇をエコーさせるために。

（Heaney, *Death of a Naturalist*, p. 44）

井戸コレクターの告白と言うべきこの詩には五感をゆさぶることばが躍動している。井戸を味わった遠い昔の記憶は身中深く保存されたまま、無垢な感受性しか持たなかった少年（自然児）が死んで、ことばをあやつることのできる詩人が生まれるのを待っていた。濃密な肉体感覚の記憶が巧みに制御されたことばと出会って、はじめて詩が立ち上がったのだ。『ある自然児の死』という詩集のタイトルを如実に体現した作品だと言えるだろう。

ヒーニーは二作目以降の詩集においても、少年時代へしばしば立ち戻って記憶を拾い集めてくる。『冬越え』(一九七二年刊)におさめられた「アナホリッシュ」はそうした詩のひとつである。タイトルは「清水の湧くところ」を意味するアイルランド語の地名で、さきほど引用した小宇宙解説には小学校の名前として登場していた。ヒーニーはアナホリッシュ小学校の卒業生である。彼は通学路のようすを思い出してこう語る――「ラガンズ・ロードは四分の三マイルほど湿地の中を通っていきます。田舎によくある丸石を敷き詰めた細道です。真ん中には雑草が茂っていて、道の両端には草と高い生け垣。生け垣の向こうには沼と泥炭地が広がっていて灌木がちらほら、他にはカバノキが生えていました」(O'Driscoll, p. 242)。この通学路は詩の中に登場する。地元のひと以外に知られていないちっぽけな地名が、現地の風景を顕現させる呪文へと変容するさまを体感していただきたい。

アナホリッシュ

それはぼくの「水場」。
世界のはじまりからある
その丘から清水が湧き出し

草を光らせ

細道にあふれて
敷き詰めた丸石を濡らした。
アナホリッシュ——柔らかい
子音の坂道、母音の牧場

冬の晩
農場の中庭を揺れていく
手提げランプの残像。
バケツをぶらさげ、猫車を押して

霧に腰までつかりながら
塚穴を出たあの一団が
薄氷を割りに向かう先には
野井戸と、そして、堆肥《たいひ》の山。（Seamus Heaney, *Wintering Out*, London: Faber, 1972, p. 16）

詩人がなつかしい地名を唱えると、ことばにひそむ詩泉《ヘリコーン》から清水が湧き出し、母音と子音の連なりがふるさとの地形を体現し、塚の奥に住まう妖精たちまでさまよい出てくる。ヒーニーは、アイルランド語文学が保ってきた地名伝承《ディンシャナハス》の伝統を英語で継承しようと試みている。「掘る」の詩でやってみせたのと同様、古来おこなわれてきたことを自分が自在に扱える道具でできる仕事に置き換えて、受け継ごうとしているのだ。

ヒーニーの想像力は、さまざまな伝統を自前の道具で変容させる手法によって詩の沃野《よくや》を拡大していく。はじめは周囲数マイルだった彼の詩の小宇宙は、じきにアイルランドの歴史と文学を包含し、ダンテ、ギリシア・ローマの古典、イギリス・アメリカ・東欧の現代詩などとの間にネットワークをつないだ島宇宙へと成長し、オックスフォード大学詩学教授（一九九〇―九四年）、ノーベル文学賞受賞（一九九五年）をはじめとする数々の名誉をも引き寄せることになる。少年が暮らした小宇宙は、〈ローカルなものに徹することが普遍的な価値へ突き抜ける道である〉という逆説を、ヒーニーの詩に力強く刻印したのである。

27　タイタニックの妹――ハーランド・アンド・ウルフ社造船所、ベルファスト

一九一二年四月十四日深夜、処女航海の途上、北大西洋で氷山に衝突して沈没した世界最大の豪華客船タイタニックは、ベルファスト生まれの三姉妹の次女である。同型の姉というべき一番船のオリンピックは一九一一年にいちはやく就航し、三五年に引退するまで客船として、また戦時には兵員輸送船として、長く活躍した。三番船は一九一一年に起工され、タイタニックが沈没したときには造船所で建造途中だった。末娘の船名はジャイガンティックとなるはずだったが、姉の沈没を受けて、オリンポスの神々にほろぼされた巨人族を連想させる名前は忌み嫌われた。その結果、一九一五年の就航時にはブリタニックと改名された。

巨船三姉妹の設計総指揮をおこなったのは、ハーランド・アンド・ウルフ社常務取締役にして設計部長、トーマス・アンドリューズである。人柄も設計者としての力量も周囲から畏《い》敬《けい》される俊英だったが、タイタニックとともに北大西洋に沈んだ。最後まで乗客の安全を優先して行動したと伝えられる。

次に抜粋するのは、タイタニック沈没後ほどなくして出版された『造船技師トーマス・アンドリューズ』という伝記の一節。今は亡きアンドリューズの記憶を胸に、数千の作業員がそれぞれの持ち場で黙々と働くドックの見聞記である。建造されつつあるのはブリタニックだが、タイタニックの建造風景もこれとよく似ていたに違いない。

二重船底に立って眺めれば全長三〇〇ヤード、タイタニックの後継船が立ち上がらんと待ち構える勇姿。半身を板金で覆った巨人がまた一人、無数の支柱に支えられてうずくまっているようだ。沈黙のうちに驚嘆しつつ、架台と進水台の群れを見上げつつ進めば、進水を待つ怪異な巨船が聳えたつ。くまなく観察せんとすれば、各々一日を要せんばかりの作業場が目白押しに並ぶ。いずれ劣らず見事に清潔、整理整頓《せいとん》怠りなく、どこを見ても驚異の連続。ボイラーの巨大さは一軒家に等しく、心棒の直径は少年の身長に同じ。鎖で吊り下げられた特大のスクリューは怪異なる海獣を思わせ、タービンモーターの上に立つ工員は崖をよじ登ったかのように見える。超弩級《ちょうどきゅう》の旋盤。空気ハンマー。鋼鉄を切り、穴をうがち、かんなのごとく削る機械が悠然と作動中。そのさまはあたかも、食卓でチーズを削る手際さながら。（中略）見事なアーチ天井を見上げる大製図室こそ、トーマス・アンドリューズの魂がいまだに残るかとおもわれる場所。広間を横切れば本人の執務室である。アンドリューズがこの部屋で執筆した改善報告の数々はいずれも綿密きわまりなく、方法論に優れ、筆跡までも流麗であった。今となっては痛ましさを誘い、吾人の襟《えり》を正せしめる資料である。長丁場の見学をしめくくって出た埠頭《ふとう》には大型船が一隻停泊している。近日中に乗客を迎えんとばかりに、甲板で大勢の作業員が騒々しく準備の最中であった。

見学の途上吾人はしばしば質問した――「アンドリューズ氏はこの方面の知識は十分でしたか？　この分野についてはいかがです？　こちらに関しては？」「はい、氏はすべてに精通しておりました。造船をめぐる事柄で氏が把握していないことは何一つありませんでした」案内人は辛抱強くこの答えを繰り返したのである。

（Shan F. Bullock, *Thomas Andrews, Shipbuilder*, 1912, in *The Belfast Anthology*, ed. Patricia Craig, Belfast: The Blackstaff Press, 1999, p. 157）

ブリタニックは第一次大戦中の一九一五年十二月に就航し、病院船として使われたが、翌年の十一月二十一日、地中海でドイツ軍の機雷に当たって沈没した。タイタニック沈没の教訓を生かし、本船には改善された防水扉がついていたにもかかわらず、閉じておくべき防水扉を船員の判断で開放していたため、沈没が早まったと伝えられる。

28 紙吹雪と作戦行動――西《ウエスト》ベルファスト、ベルファスト

北アイルランドの首都ベルファストは一大工業都市である。街並みも雰囲気もダブリンとは異質で、アイリッシュ海を隔てたリバプールやグラスゴーの兄弟分というべきたたずまいだ。近年は観光にも力を入れているけれど、十九世紀から二十世紀後半まで麻織物、ロープ製造、タバコ生産、造船業によって世界にその名をとどろかせた。航空機工場や自動車工場が稼働していた時期もある。

ベルファストは、北東の方角から打ち込まれたくさびの形をした湾の切っ先に港を開いている。南から蛇行してくさびの切っ先で海と交わるラガン川の、河口に近い左岸が中心街である。白亜の市庁舎と豪奢《ごうしゃ》なオペラ座があり、大きな商店街がある。商店街は、イギリスの地方都市でよく目にするのと同様な歩行者専用地区になっている。

市庁舎を中心にして、市内は東西南北の四地域に分けることができる。この都市の歴史と文化について語ろうとすれば、対立と融和をめぐって複雑な道を歩んできたプロテスタント

とカトリックのひとびとの暮らしにふれずにはいられない。まず市庁舎から南へ下っていくと、クイーンズ大学や市営植物園がある文教地区。南《サウス》ベルファストと呼ばれるこの界隈は中流の住宅地で、昔からプロテスタントとカトリックが混じって暮らしている。くさび形の湾を右に見て北上したあたりの、北《ノース》ベルファストと呼ばれる地域には、宗派を異にする市民が分かれて暮らす地区と、混じって暮らす地区とが混在している。市庁舎から東へ歩き、ラガン川を渡った右岸は東《イースト》ベルファスト。近年はだいぶ衰えたものの、かつては造船業で栄えた地域である。造船所の間近に住む労働者たちは、昔も今もほとんどがプロテスタント系である。

市庁舎から西方の丘へゆるやかに登っていく斜面のあたりが西《ウエスト》ベルファストである。もとは農地だったが、十九世紀に麻織物工業が急成長したため開発が進み、大工場の周辺に赤レンガの長屋式《テラス》労働者住宅《ハウス》が建ち並ぶ地域になった。プロテスタント系労働者が暮らすシャンキル・ロード地区と、カトリック系労働者が暮らすフォールズ・ロード地区が隣接しているのが、この地域の大きな特徴である。地図を見ると、ベルファストの中心街からほぼ真西に伸びているのがシャンキル・ロードで、大通りから網の目のように派生する枝道や路地には、かつて麻糸を多く産出したベルギーやオランダにちなんだ通り名が目につく。他方、中心街から南西へうねうねと伸びているのがフォールズ・ロードで、周辺の枝道には、一八

上／壮麗さで知られるベルファスト市庁舎
下／ベルファストで見つけた、クー・フリンを思わせる英雄を描いた壁画

五六年にイギリスが勝利したクリミア戦争にちなんで命名された通りが目立つ。これらの地域は、十九世紀半ば過ぎに計画的に開発された住宅地なのだ。

シャンキル・ロード周辺に住むプロテスタント系住民には北アイルランドとイギリスの連合維持を主張する〈ユニオニズム〉の伝統があり、フォールズ・ロード周辺で暮らすカトリック系住民には北アイルランドとアイルランド共和国の統合を希求する〈ナショナリズム〉の伝統が根付いている。その結果、北アイルランド紛争の時代には、隣り合う両地区において、待ち伏せ攻撃、パブを狙った爆弾テロ、少年たちによる略奪行為などの応酬が続いた。現在この地域では、暴力的に衝突し合った過去を乗り越え、平和運動へ転じていこうとする動きが生まれつつあるが、歴史が刻んだ有形無形の深傷《ふかで》はありありと残っている。

傷をいやすためには何よりもまず、傷そのものの正体を知らなければならない。北アイルランド紛争とは何かと問うなら、プロテスタント優位社会の中で長年差別されてきたカトリック系住民による公民権運動に端を発した、民族・政治紛争である。紛争の原点は北アイルランド成立の時点にまでさかのぼる。アイルランド島の大半をしめる二六州がアイルランド自由国を成立させた一九二一年、北東部六州は北アイルランドとしてイギリス領に残った。以後約五〇年間、ベルファストにおかれた北アイルランド議会において、イギリスと北アイルランドの連合を支持するプロテスタント派の政党、アルスター統一党が主導権を握り続けたため、公営住宅の割り当てや選挙制度などにおいて、カトリック系住民にたいするさまざまな差別が生まれていた。

　紛争の発端は一九六八年、公営住宅の不当な割り当てに反対したカトリック系住民がおこなったデモ行進だと言われている。アメリカの公民権運動の影響を受けた市民のデモ隊と警官隊との衝突が度重なったため、治安維持のためにイギリス軍が出動するようになった。一九七二年一月、デリー市において、公民権運動のためのデモ行進をしていたひとびとにイギリス軍が発砲し、一三人の一般市民が殺害される〈血の日曜日〉事件が起きた。この時期以降、〈ナショナリズム〉側の急進派（リパブリカン）でカトリック系の民族主義武装組織（アイルランド共和軍〔IRA〕など）と、〈ユニオニズム〉側の急進派（ロイヤリスト）でプロテスタント系の武装組織（アルスター義勇軍〔UVF〕など）が、北アイルランド各地やロンドンなどで爆弾テロをひんぱんにおこなった。紛争は約三〇年間続き、三〇〇〇人を超す犠牲者を出したが、一九九八年四月十日に結ばれた〈ベルファスト和平合意〉によってようやく終結するかに見えた。ところがこの和平合意に反対したIRAの分派〈真の《ザ・リアル》IRA〉が、同年八月十五日、北アイルランド、ティローン州オマーの町の商店街で無差別爆弾テロをおこなって多数の犠牲者を出した。この事件以後、対立する武装組織相互間の暴力行為は根絶されなかったものの、一般人を巻き込むテロ行為は沈静化した。

北アイルランド紛争を扱った数多い文学作品のなかで、ベルファストを定点観測するかのように書き続けたキアラン・カーソンの詩には忘れがたいものがある。次に引用するのは、一九八七年に出た詩集『アイルランド語のノー』におさめられた「ベルファストの紙吹雪」。『アイルランド語のノー』とはいかにも人を食ったタイトルである。というのも、アイルランド語には「ノー」に相当する一語はないので、ノーという意思表示をしたければ縷々《るる》説明し（たり言い逃れしたりし）て、相手の了解を得る（か相手を煙に巻く）ほかない。紛争の渦中においてはいざというとき、相手に応じて弁舌を使い分けることができるスキルの有無が、生死を分ける局面もままあったのだ。

「ベルファストの紙吹雪」という詩のタイトルも負けず劣らず強烈な皮肉である。これは地元で使われる慣用句で、労働者たちが「向こうサイド」の相手を傷つける目的でボルトやナットを投げつけたのが起源とされる。北アイルランド紛争がはじまるよりはるか以前から使われていた言いまわしらしい。全文を吹き替えで――

機動隊が突入してくると、ナットやボルトや釘や車のキーが、感嘆符の群れと
一緒くたに雨あられ。ぶちまけられた壊れた活字の一揃い。それから爆発――
地図の上に星印ひとつ。こっちの点線はぱっとあがる火の手……

頭の中で文章をまとめようとしていたのに、ことばはつんのめってばかり
路地やら枝道やらがどこもかしこも終止符とコロンで封鎖されちまってた。

よく知ってる迷路だ――バラクラバ、ラグラン、インカーマンにオデッサ通り――

なぜ逃げられないのか？　動くたびに中断。クリミア通り。また行き止まり。

サラセン装甲人員輸送車、クレムリン-2防御網つき。マクロロン顔面シールド。

　トランシーバー。

俺、なんて名前だっけ？　どこから来た？　どこへ行く？　疑問符の一斉射撃。

（Ciaran Carson, *The Irish for No*, Loughcrew: The Gallery Press, 1987, p. 31）


機動隊とデモ隊が衝突しているのはフォールズ地区である。詩中の「迷路」を構成する街路は、先述の戦争にちなんで名付けられたクリミア通りをはじめとして、バラクラバ通り（戦場となった地名）、ラグラン通り（イギリス軍司令官の名前）、インカーマン通り（戦場となった地名）、オデッサ通り（イギリス軍が攻撃した都市名）など、フォールズ・ロード周辺にすべて実在した（バラクラバ、ラグラン、インカーマンは現在改称されている）。

クリミア戦争（一八五三―五六年）はロシア帝国に向かって、イギリスとフランスなどの

支持を得たオスマン帝国が対抗した戦争で、参戦したイギリスはついに勝利を収めたものの、思いのほか激しく大規模な戦闘が長引いたことで知られている。庶民が暮らす住宅地で、ミニチュア版のクリミア戦争がおこなわれるさまを、語り手はアイルランド人お得意のデッドパン――まじめくさった表情で語るブラックユーモア――で実況中継してみせる。機動隊の装備を示す固有名詞などにも、当時渦中にいた市民ならではの情報が反映していて、切迫感が伝わってくる。

もうひとつ、『アイルランド語のノー』におさめられた詩「作戦行動」。ゲリラ活動を連想させるタイトルが、武装組織同士の抗争を暗示している。

彼らは何時間もかけて男を尋問した。男はいったい誰なのか？
正体を明かした男を、彼らは再び尋問した。男が誰なのか彼らが納得し
一味ではないのを認めた後、彼らは男の爪を剝《は》がした。それから
男をホースシューベンドに近い空き地へ連れて行き
男に、自分が誰なのかを思い知らせた。彼らは男を九回撃った。

くすぶるタイヤの山から黒い煙の渦が上がった。

男が嗅《か》いだ悪臭は自分の匂いだった。割れたガラス、結んだコンドーム。
ストッキングをかぶせた握り拳《こぶし》そっくりの顔。わたしは男がグラッドストーン・バー
にいたのを知っている。
ほぼ完璧な形の指を泡まみれにして見知らぬ連中にパイントを注いでいたのだから。

(Carson, *The Irish for No*, p. 36)

前の詩とは打って変わって、ブラックユーモアのかけらさえないことばが描き出す暴力が、読み手の背筋を凍らせる。冷徹なリアリズム表現で貫かれているにもかかわらず、「彼ら」や「男」が本当のところ誰なのか、「一味」の実体が何なのかはついにわからない。こうなるともう、よそ者は絶句する以外に応対のすべがない。ただ、ホースシューベンド(蹄鉄《ていてつ》のような急カーブ)という地点はベルファスト西北郊外の旧道に実在する。幹線機能を新道に奪われたその界隈には、人目につかない空き地や野原があるに違いない。これもまた、地元を知る読み手にはピンとくるディテールを備えた詩なのである。

ベルファストに生まれ育ち、過去三〇年以上にわたってこの都市のあれこれを詩や散文で書き継いできたキアラン・カーソンは、ベルファストの事実上の桂冠詩人と言ってよい。北アイルランド紛争の沈静化以降も健筆を振るっている。『臨時ニュース』という比較的新し

い詩集を読んでいたら、「作戦行動」と題されたもうひとつの詩が目に止まった。銃撃が出てくるので、今紹介した旧作を意識してこしらえた作品だろう。新しい詩は行の長さが極端に切り詰められて、俳句みたいな表現になっている。これも全文を吹き替えてみよう。

撃たれて
馬が倒れ

カラスが
目玉をむしり

時が流れて
眼窩《がんか》から
這い出したのは
一羽の蝶《ちょう》

（Ciaran Carson, *Breaking News*, Loughcrew: The Gallery Press, 2003, p. 38）

この詩にはもはやベルファストのローカルカラーもなければ人間も登場しない。食物連鎖にもとづいた自然界の生命の流転を「作戦行動」と呼んだのだとしたら、自然のドラマを人間界の比喩でとらえずにいられない、人間どもの悲しさが暗示されているのかもしれない。

「作戦行動」と訳した元の英語はcampaignである。この英単語は、ラテン語からイタリア語を介してフランス語、そして英語へと入った「平原／野原《カンパーニャ》」が語源である。昔は野原で戦闘がおこなわれたから、「キャンペーン（会戦、作戦行動、選挙などの組織的運動）」の意味が派生したのだ。

「作戦行動」という英単語を語源の「野原」へと戻してやるならば、殺された馬の眼窩から時を経て蝶が飛びたつ自然界のドラマの舞台は、かつて惨劇が繰り広げられたホースシューベンドの空き地であったとしても不思議はない。未公認の桂冠詩人によるベルファストの定点観測はまだ続いているらしい。

29　マダム・ジョージとは誰か？——東《イースト》ベルファスト、ベルファスト

工業都市ベルファストのなかで、ラガン川の右岸は東《イースト》ベルファストと呼ばれている。この地域ではかつて世界最大規模を誇るふたつの造船所が稼働していた。とりわけハーランド・アンド・ウルフ社のドックは、巨大客船タイタニックが建造された場所として知られている。昔からこの界隈には、造船所で働く労働者が暮らしてきた。宗派を問うならばほぼすべてがプロテスタント信徒である。

この町で形成期をすごしたひとりの少年の青春物語を紹介しよう。名前はジョージ・アイヴァン・モリソン。第二次世界大戦が終結した一九四五年、東ベルファストのブルームフィールド地区、ハインドフォード通り一二五番地に生まれた。父は造船所の電気技師でブルースやジャズのレコードを集めるのが趣味、母は流行歌を歌うのが好きで、「今夜も送っていくよ、キャスリーン」、「花の十六歳」、「アイリーン、おやすみ」などがお気に入りだった。ひとりっ子のジョージ・アイヴァンは小学生の頃からヴァンという愛称で呼ばれるようにな

る。父にギターを買ってもらったのが十一歳のときで、翌年には最初のバンドを結成していたというから、このひとの音楽人生は早熟だ。ヴァン・モリソンはやがて、北アイルランドが生んだ最も重要にしてカルト的な人気を誇るシンガーソングライターへと成長していく。

　東ベルファストに多くの信徒を持つプロテスタント教会は、イングランド国教会派のアイルランド国教会、長老派教会、メソジスト教会の三つだが、ヴァン・モリソン少年はアイルランド国教会の聖ドナード教会に通った。教会は家から徒歩一〇分ほどのところにあり、サイプラス・アヴェニュー（モリソンのファンならぴんとくる通り名であるはずだ）を歩いて通ったという。彼が入学したオレンジフィールド男子中等学校は新設校で、労働者階級の子弟のために、総合教育に加えて芸術や体育にも意欲的にとりくんでいた。だが少年は学校をそっちのけにして音楽に夢中だった。生計を立てられるよう手に職をつける必要に迫られた彼は、短期間だけ窓掃除の訓練を受けたものの、本心はプロの音楽家になることだけを狙っていたようだ。

　十七歳にしてモナークというバンドとともにイギリスやドイツを巡業してまわり、その後、ベルファストのマリタイム・ホテルのダンスホールでゼムというバンドと一緒に定期的なライヴをおこなって腕を磨いた。一九六七年、ニューヨークへ進出。翌年、紆余曲折《うよきょくせつ》の末に大手ワーナーブラザースから最初のソロアルバム『アストラル・ウィークス』を出した。

『アストラル・ウィークス』は一九六八年十一月にアメリカでまず発売され、翌年九月にはイギリスでも発売された。今日ではさまざまなアンケートで上位を占める歴史的名盤として高い評価を得ているものの、発売当初は評判も売り上げもほとんどゼロに等しかった。ところが興味深いことに、ベルファストでは大いに受けていたという証言がある。オレンジフィールド男子中等学校でヴァン・モリソンの後輩にあたり、現在は詩人・評論家として活躍しているジェラルド・ドウが、回想記『わが母なる町』にこう書いている――「記憶は歴史的事実にいたずらをしかけることもあるが、一九六九年末から七〇年末までの一二ヵ月を振り返ってみると、わたしが知るベルファストのいたるところで、誰もが『アストラル・ウィークス』を聞いていた」(Gerald Dawe, *My Mother-City*, Belfast: Lagan Press, 2007, p. 73)。地元の若者たちは、アメリカへ飛び込んだベルファスト・ボーイの動向をめざとくつかんでいたらしい。

ジャズとフォークとブルースの要素が混在するこのアルバムの音楽性はリスナーを戸惑わせ続け、今日でも既存のジャンルには分類できない作品と見なされている。他方、モリソンが書く難解な歌詞についても、「ケルト的神秘主義」といった評言をはじめとしてさまざまなコメントが書かれてきた。意味が曖昧《あいまい》なレッテルを貼り付けられることによって、モリソンの音楽はしだいに神秘化されていったのである。

『アストラル・ウィークス』中随一の問題作で、演奏時間が一〇分近くにおよぶ「マダム・

ジョージ」という歌がある。先述のサイプラス・アヴェニューを背景にマダム・ジョージなる人物が登場する歌詞は、彼女がドミノ遊びに興じたり上機嫌でおしゃべりしたりしているらしき情景をほのめかした後、「マダム・ジョージにさよならを言おう／マダム・ジョージのために涙を拭《ふ》こう／マダム・ジョージのために、どうしてそうなのか考えよう」（Van Morrison, "Madame George"）というリフレインを繰り返す。アコースティックなバンドのゆっくりした演奏にひたっているとくつろいだ気分になるものの、歌詞の意味を考えはじめたとたん、語られているはずの物語の進行がさっぱりつかめないのに気づく。どうやら誰が聞いても意味が取りにくい歌詞らしい。慣用句の解釈を根拠にマダム・ジョージはドラッグ・クイーンだと主張したり、いやいや彼女はまじない師であるとか、「ジョージ」はヴァンの本名に言及しているとか、じつは「ジョージ」ではなく「ジョイ」と歌っているのだ、などなど小さな論争の種には事欠かない。いちばん驚いたのは『ウォールストリートジャーナル』（二〇〇七年四月十四日）に載った記事で、マダム・ジョージは詩人W・B・イェイツの妻で、睡眠中の自動筆記によって夫の神秘主義的な作品の執筆に貢献した、マダム・ジョージ・イェイツのことであると断言する内容だった。だがあいにく、これらの解釈はどれも証拠が不十分である。ヴァン・モリソン自身が「この歌は意識の流れを綴《つづ》ったに過ぎない」と述懐しているのに耳を傾けるならば、そもそも歌詞のつじつまは合うはずがない。歌詞の深読みによってマダム・ジョージが誰かをつきとめようとしても、できることには限界がありそうだ。
以前から気になっていたこの歌の解釈をめぐってさまざまな記事を読んでみた結果、目から鱗が落ちる気がしたのは、先述のジェラルド・ドウが語るコメントである。モリソンと同じ町に生まれ育ったドウによれば、ベルファストのひとびとが『アストラル・ウィークス』に魅了された六九年から七〇年は、北アイルランドにとって大きな変化の境目となる時期だった。次に引用する文章の中で遠回しに述べられている事実関係をあらかじめはっきりさせておけば、六八年頃に火がつき、火の粉をまき散らしはじめていた北アイルランド紛争の兆候を、ひとびとは肌で感じていたということ。「マダム・ジョージ」という歌は、あの時代のあの都市の空気を体現していたというのである。

ベルファストに住むあらゆる年代のひとびとにとってあの一年は分水嶺《ぶんすいれい》だったが、とりわけ十代から大人の男女へと成長する時期を迎えた若者たちにとっては、決定的な分岐点だった。海を越えてイングランドへ行ってしまう友人たち。就職、大学入学、離ればなれになる仲間たち。六〇年代から七〇年代へ移行したあの一年は、比較的自由だった一〇年間にはあたりまえだと思われていた暮らしが崩壊へと向かっていく動きに、それとなく呼応しはじめていたのだ。

「マダム・ジョージ」はまさにその気分をとらえていた。今でもそう思う。嵐の前の奇妙な静けさ。クラブはまだ繁盛していて、週末にはパーティーがあちこちで開かれた。クリーム、ジミ・ヘンドリックス、ピンク・フロイド、スモール・フェイセスといった大物たちがやってきて、ジ・アルスター、キングズ、ウィルタ・ホールなどで演《や》った。夜遊びする人間が多かったけれど、土曜の夜に中心街でよく起きるケンカ沙汰以外に「抗争」めいたできごとはほとんどなかったから、誰でも、過度の心配や恐怖を抱かずに町を闊歩《かっぽ》できた。ところがあれから一年かそこらで、どこへ行くにも生命の危険を覚悟しなければならない時代がやってきたのだ。（中略）

「マダム・ジョージ」はあの自由な時代に、際立つ音と脈絡を与えた。「ダブリンから鉄道でサンディ・ロウへ／橋から下へペニーを投げて」という歌詞を聞いたときの衝撃は忘れられない。単語の意味の水面下に説明不可能な結びつきが働いていて、それらが、わたし自身の住む町を生まれてはじめて指し示していたからである。

サンディ・ロウというのはベルファスト市内の、プロテスタントの労働者階級が住む地域名で、実際にそこを鉄道が通っているし、ボイン川（プロテスタント軍がその昔勝利した古戦場だ）を渡る鉄橋に汽車がさしかかったときには、深い意味を考えずにペニーを投げる習慣があったのも確かなのだ。

（Dawe, pp. 73-74）

ドウはさらに続けて、歌詞に出てくる「今は年老いて、帽子をかぶってワインをすする」（第二次大戦で戦った）退役軍人の姿や、「ビンのフタを集め／タバコとマッチを買いに走る」少年の姿にも、ベルファストの町の記憶を敏感にかぎ取っている。作詞者の意識の流れに浮かんでは消えたさまざまなディテールは、同じ時代に同じ場所を生きた人間には、身近なスナップショットの連続のように感じられるのだろう。外部者には朦朧《もうろう》とした「ケルト的神秘主義」としか聞こえない歌詞が、リアルな輪郭とディテールを持っていると知らされるのは驚きである。

ヴァン・モリソンの歌詞の根底にあるのは、神秘主義的な目くらましというよりむしろ、若い頃後にした故郷の、親密な情景のパッチワークであるらしい。彼のベルファストは、ジョイスの『ユリシーズ』のダブリンに似ているのだ。だとすれば「マダム・ジョージ」は、ドラッグ・クイーンや怪しげなまじない師であるよりも、「東ベルファスト」そのものであるだろう。「マダム・ジョージにさよならを言おう／マダム・ジョージのために涙を拭こう／マダム・ジョージのために、どうしてそうなのか考えよう」というリフレインが、ぼくの耳の奥でまた鳴りはじめた。

30　棍棒でなくことばで――オマー、ティローン州

今思えば、あの夏の計画は欲張りだった。南フランスで一週間ばかり遊んだ後、リヨンからベルファストへ飛んで、アイルランド北部も楽しんでやろうともくろんだのである。ポン・デュ・ガール――ローマ時代に建てられたあの巨大な水道橋だ――を見に行った日はまぶしい太陽に誘われて、真っ青な水をたたえた川で泳ぎさえした。ところがベルファスト空港に到着してターミナルから外へ出ると、世界は灰色だった。小雨が降っていて肌寒い。ヨーロッパは広いのだ。一九九八年八月二十日木曜、正午。ぼくと妻はあわててセーターを着込んでレンタカーに飛び乗り、妻の運転で一路北西をめざした。ぼくたちは大西洋に面したドニゴール州の小さな村で、友達一家と落ち合う約束をしていた。

発進してじきに、カーラジオがただならぬニュースを繰り返し流しているのに気づいた。ベルファストの真西にあたるオマーの町でひどい爆弾テロがあった、と告げている。後日知った情報も加えてまとめれば、おおよそ次のような事態である。八月十五日土曜日午後三時

十分、オマーのマーケット通りで爆弾が仕掛けられた乗用車が爆発して、多数の犠牲者が出た。オマーは、近郷近在から買い物客が集まる商店街で知られている町だ。死者二九人の中には妊婦や子供ばかりか、語学研修に来ていた外国人まで含まれている。負傷者は三〇〇人以上。後に判明したところによれば、無差別爆弾テロをおこなったのは、アイルランド共和軍（IRA）の政治組織シン・フェイン党が北アイルランド問題の和平会談に参加するのに反対して、九七年にIRAから離脱した武闘派グループ、〈真のIRA〉《ザ・リアル》（RIRA）であった。

ドニゴールの村に着いて友人たちと会い、夕食後パブでくつろいでいたとき、地元のひとが話しかけてきた。旅日記にその初老の男性のことばが書き写してあった――「俺は三一年間ロンドンやマンチェスターで働いて、ようやく故郷へ戻ってきた。そしたらオマーで爆弾騒ぎだ。恥さらしだよ。こんなのはアイルランドにふさわしくない。が、これがアイルランドでもある。この件について君はどう思う？　ゆっくり話し合ってみたいものだね」。だいぶ酔っているように見えた彼はこう言い残して、奥さんらしき人物と帰っていった。このセリフはぼくたちツーリストにたいする、ひとひねりしたあいさつだったらしい。

旅日記のページをさらにめくっていく。翌日は田舎の自然を楽しみ、その次の日は、街道筋の村や考古学遺跡で寄り道しながらベルファスト方面へ向かった。二日前に西へ向かったときには北寄りの街道を選んで直行したが、今回は南寄りの道をジグザグにたどって東へ戻った。ドニゴールの原野を走っていた道がいつのまにか北アイルランドのティローン州に入った。標識の色が変わり、周辺の土地が肥沃になってきたと思ったら、ニュータウンスチュワートという小さな町に入ったところで渋滞にひっかかった。路線バスが道路の真ん中で停車してしまったので、後続車も動きがとれない。レンタカーのデジタル時計を見ると、三時十分を指している。今日は八月二十二日土曜日。ちょうど一週間前に爆弾が破裂した時刻である。ぼくたちも車内で黙禱《もくとう》を捧げた。数分後、車がのろのろ流れるようになると、町の教会とその前庭で大きな追悼集会が終わったところだとわかった。ひとびとがぞろぞろ歩いている。ものすごい数である。

ぼくたちの車がニュータウンスチュワートを抜けて、一五キロ離れたオマーの町にさしかかったのは三時三十分過ぎだった。一週間前、時限爆弾が仕掛けられた乗用車はマーケット通りの洋装店の前に停められていた。その場所とおぼしき地点に花束がうずたかく積み上げられ、焼け焦げた店の窓がベニヤ板で封鎖されているのが見える。舗道は追悼集会を終えたひとびとでごったがえしている。翌日買った地元新聞によれば、この日は北アイルランド各地で追悼集会がおこなわれた。オマーの中心街にはさまざまな宗派・階層のひとびとが約四万人もつめかけて、三時十分きっかりに追悼と平和を祈ったのだという。

クックスタウン、マハラフェルト、キャッスルドーソン、トゥーム。どの町も今日は商店が開いていないように見えた。いやそもそも気後れがして、車を停める気が起こらなかった。ランダルスタウンという町まで来たところで、いよいよ空腹感が切迫しているのを自覚して、レストランを探した。通りがかりの老婦人に尋ねたところ、「お食事なら向こうの角にレストランがあります。わたしは入ったことはないけれど……。休暇でいらしているの？　こんなところへ休暇で来てはいけませんよ。ここは問題が多すぎます」と教えてくれた。そうして彼女は、妻の手をやさしく握った。胸には聖遺物容器を模したデザインのペンダントが見えた。このひとはカトリック信徒なのだとわかった。

旅を終えて二年ばかり後、ロックバンドのU2がひさしぶりにアルバムを出した。すぐに手にしてなんとなく聴いてはいたものの、しばらくたってから、その中の一曲がオマーの爆弾テロに触発されて書かれたのだという記事を読んだ。あらためて耳を澄ますと、歌詞の意味が不気味に立ち上がってきた。「地には平和」という曲。タイトルは「ルカの福音書」の一節で、クリスマスによく聞かれる祈りのことばが皮肉を込めて引用されている。宗派を超越したキリスト教的人道主義を貫いてきたボノの歌詞は、キリスト本人に向かって「もっと身を入れて困っている人間を救済して欲しい」と言わんばかりの勢いである。「ぼくらが会う機会もなかったひとびとの名前が／ラジオで読み上げられている／ショーンとジュリア、ガレス、アンとブリーダ／彼らの命はどんな大きな理想よりも大きいのだ」（U2, “Peace on Earth”）という歌詞を聞きながら、あの夏、現地で買った日刊地方紙（*The Derry Journal*, 21 August 1998）を引っ張り出して読みなおした。

するとじきに、「ショーン」と「ブリーダ」という名前が秘めていた物語が明らかになった。「ショーン」のフルネームはショーン・マクロフリン、十二歳。ドニゴール州ブンクラナの小学生で、あの日学校の遠足でオマーへ来ていた。スペインの小学校との文化交流プログラムの一環としておこなわれた遠足だった。彼の他に同じ学校の小学生ふたりも爆弾の犠牲になり、ブンクラナに滞在中だったスペイン人小学生と、引率してきたスペイン人の先生も巻き添えになって命を落とした。

「ブリーダ」のフルネームは、ブリーダ・ディヴァイン。生まれて二一ヵ月しかたっていない、よちよち歩きの女の子だった。あの土曜日、母親に連れられたブリーダが四〇キロ以上離れた村からオマーへやってきた理由は、おじの結婚式で花まき娘の役をすることになったので、靴を買ってもらうためである。新聞によれば、母親は娘の死を知らされぬまま、重傷のためベルファストの病院に入院していた。おじの結婚式は、ぼくたちがあの町を通りかかった八月二十二日に予定されていたという。

〈真のＩＲＡ〉によるオマーの無差別爆弾テロは、北アイルランド和平プロセスにたいする抗議として全く意味をなさなかった。どの陣営からも支持を得られなかったのは当然である。ボノは事件の直後に「地には平和」を書いたという。歌詞を書いたときの彼の悲しみは想像に余りある。というのもこの年の四月十日、三〇年間続いた北アイルランド紛争にピリオドを打つことが期待される「ベルファスト合意（別名「聖金曜日《グッド・フライデー》の合意」）」が締結され、五月二十二日には合意にたいする賛否を問う国民投票が、アイルランド共和国と北アイルランドでおこなわれたばかりだった。U2はその国民投票を賛成に導こうとするキャンペーンにおいて、ロックバンドとして考え得る最大の貢献をしたからである。

投票三日前の十九日、U2はベルファストのウォーターフロント・ホールで賛成投票を呼びかけるコンサートをおこない、ステージの上に、長年対立してきたアルスター統一党（北アイルランドの存続を支持）と社会民主労働党（北アイルランドとアイルランド共和国の統合をめざす）の両党首、デヴィッド・トリンブルとジョン・ヒュームに上がってもらい、握手をさせた。ボノがふたりの手を取って高く差し上げている場面はテレビ中継された。三日後の国民投票では、北アイルランドと共和国の両方で賛成票が圧倒的多数を占めた。さらに同年十月には、トリンブルとヒュームが揃ってノーベル平和賞を受賞すると発表された。

オマーの爆弾テロは、希望が大きく膨らんでいく潮流の真ん中に、巨大で不気味な異物のようにあらわれた。「地には平和」の歌詞に聞き耳を立てると、その異物にたいしてボノがどのように立ち向かうのかが聞こえてくる。「ぼくが育ったところには／あまり木は生えていなかった／もし木があれば引き倒して／ぼくらの敵に立ち向かっただろう」(U2)――意味はよくわかる。問題は比喩をどう解釈するかだ。木を引き倒してこしらえる武器が棍棒《こんぼう》のたぐいだとしたら、木が生えていないところに育った人間には、その種の武器はつくれない。では彼／彼女は何を武器にすればいいのか？ 使えるのはもちろんことばしかない。

そう考えながら続きの四行に耳を澄ますとこう歌っている――

何かを真似てあざけるうちに
相手が乗り移ってくるそうだ
モンスターに降参しないために
君はモンスターになるんだね
(U2)

子供の遊びのようでもあり、巨大なパワーゲームにも聞こえる卓抜な歌詞だ。くちずさんでみると、自分が生きているこの日本の、今現在のことを歌っているとしか思えない。ボノが繰り出す強烈な皮肉にノックアウトされた。ぶんなぐられてわれにかえって、「地には平和」はぼくたちみんなの歌であるとようやく合点した。

あとがき

さまざまな土地と書物をめぐる、道草だらけのアイルランド紀行、お楽しみいただけただろうか？　アイルランドの社会や文化や歴史に関する基礎知識を、要所要所にしのばせておいた。拾い集めたトピックを起点にして、読者のみなさんがそれぞれ新しい旅をはじめてくれたら、とてもうれしい。本文中に引用した〈一口サイズのブンガク〉には、邦訳があるものもないものもある。引用の出典に記した英語の著者名や作品名をキーワードに、インターネット書店のサイトで検索をかければ、翻訳書に関する情報を簡単に入手できるので、試してみていただきたい。

この本の大半の章は書き下ろしだが、すでに書いたことのある話題を思い出して、加筆訂正した上で本文中に組み入れたところもある。「W・B・イェイツとたそがれのケルト」（鎌田東二・鶴岡真弓編『ケルトと日本』角川書店、二〇〇〇年刊、所収）、『春秋』（春秋社）に連載された「アイルランド通信」の二回分（一九九七年四月号、五月号）、『現代詩手帖』（思潮社）

に連載された「ダブリンへ／ダブリンから」の六回分（二〇〇九年一月号、二月号、三月号、六月号、七月号、九月号）、『モンキービジネス vol. 8 音号』（ヴィレッジブックス、二〇一〇年刊）のアンケート「音をめぐる五十二の断片」への回答、『真夜中』（リトルモア）に掲載された「糸つむぎのモーラ」（ダラ・オーコニーラ作、拙訳および解説、二〇一一年 Early Spring 号）――それぞれの記事の初出のさいお世話になった関係者各位に、この場を借りて厚くお礼申し上げます。

この本は、中公新書編集部の吉田大作さんと岡田健吾さんによる絶妙な連携によって形になった。おふたりの力強いリードに心から感謝いたします。

二〇一二年八月《ルーナサ》　ニューヨーク

栩木伸明

栩木伸明（とちぎ・のぶあき）

1958年，東京都生まれ．早稲田大学文学学術院教授．『アイルランドモノ語り』（みすず書房，2013）で読売文学賞（随筆・紀行賞）を受賞．訳書にＪ・Ｍ・シング『アラン島』（みすず書房，2005），コルム・トビーン『ブルックリン』（白水社，2012），ウィリアム・トレヴァー『ラスト・ストーリーズ』（国書刊行会，2020），キアラン・カーソン『琥珀捕り』（創元ライブラリ，2021）など．著書に『世界文学の名作を「最短」で読む』（筑摩書房，2021），『ダブリンからダブリンへ』（みすず書房，2022）などがある．

アイルランド紀行《きこう》
中公新書 *2183*

2012年９月25日初版
2022年９月30日３版

著　者　栩木伸明
発行者　安部順一

本文印刷　三晃印刷
カバー印刷　大熊整美堂
製　　本　小泉製本

発行所　中央公論新社
〒100-8152
東京都千代田区大手町 1-7-1
電話　販売 03-5299-1730
　　　編集 03-5299-1830
URL https://www.chuko.co.jp/

Published by CHUOKORON-SHINSHA, INC.
Printed in Japan　ISBN978-4-12-102183-0 C1226